アドラー 性格を変える心理学

岸見一郎 Kishimi Ichiro

NHK出版新書
648

アドラー 性格を変える心理学　目次

序章 「性格は変わらない」は本当か？

本当は変わりたくない？

これまで、長くカウンセリングをしてきましたが、その中でも「性格」について悩む人は非常に多かったという印象があります。

カウンセリングにくる人に「自分のことが好きですか？」とたずねると、「あまり好きではない」とか「大嫌いだ」という答えが返ってくることがほとんどです。「私は明るくて、そのため、友だちが多すぎることが悩みだ」というような人はいません。性格が暗く、そのために人と積極的に関わることができない、友だちがいないという人ばかりだったといっていいくらいです。

一人の女子中学生がやってきたとしましょう。彼女には双子の姉がいます。彼女はなかなか私と目を合わそうとしません。か細い声の控え目なその子に私はこうたずねます。

「お姉さんは明るくて、友だちも多いでしょう？」

「はい、たしかに姉は私とは真逆です。でも、どうして会ったこともないのに姉のことがわかるのですか？」

「難しいことではありません。今、あなたは『真逆』といったでしょう。あなた自身がお姉さんとは真逆の性格で生きようと決めたのです」

「私が決めた？　性格って生まれつきのものではないのですか？」

「違います。あなたは自分の性格を変えたいですか？」

「もちろんです」

「もしも性格が生まれつきのものだとしたら、あなたの性格は変えられないことになりませんか？」

「たしかに。では、性格を変えることはできるのですか？」

「できます。でも、簡単ではありません」

「どうして簡単ではないのですか？」

「あなた自身が性格を変えたくないと思っているからです」

「え、待って！　どういうことですか？　ちゃんと説明してください！」

後日、二人の姉妹の母親がやってきて次のようにいいました。

「二人の性格がずいぶんと違うのです」

「それで何かお困りですか？」

「困るというわけではないのですが……」

「ですが？」

「妹が覇気に欠けるというか……、活発な姉と違って、一人で過ごしていることが多く、時々ため息をついたりしていまして……」

「心配なのですね」

「そうです」

「妹のほうの娘さんは、そんなふうに振る舞うことで、あなたの注目を得ようとされているようですね」

「注目？」

「はい、いつも気になっているでしょう？」

「ええ、でもなぜそんなことをしないといけないのですか？」

「それは――」

と、前置きはこのあたりにして、本書では、多くの方が気になっている「性格」について、この中学生や母親も納得できるように話していきましょう。

『性格の心理学』について

オーストリアの精神科医で心理学者であるアルフレッド・アドラー（一八七〇～

一九三七）が一九二七年に出版した『人間知の心理学』（*Menschenkenntnis*）という本があります。アドラーは、フロイトやユングと並ぶ「心理学の三大巨頭」の一人といわれます。フロイトと学説上の相違から決別し、その後「個人心理学」という独自の理論を構築しました。その彼がウィーンのフォルクスハイム（国民集会所）で行った講義をもとに編まれたのが『人間知の心理学』です。フォルクスハイムはオーストリアで初めての成人教育センターで、聴講者の多くは専門家ではなかったので、アドラーは極力専門用語を使っていません。

この『人間知の心理学』の第二部で、アドラーは「性格」について論じています。私はこの第二部を『性格の心理学』というタイトルで翻訳出版（アルテ、二〇〇九年）しました。これは性格を分析してその改善の方向性を探るもので、アドラー唯一の性格論です。

本書はこの『性格の心理学』に依拠しながら論じていきますが（以下、引用で出典を明記しないものは『性格の心理学』からのものです）、それはアドラーの考えを紹介するためではありません。時には批判もしていきます。

もちろん、アドラーの心理学が正しい見方を提示しているかは検証しなければなりませんが、性格を対人関係の中で考え、性格の選択、非選択には目的があると考える点で、他の心理学とはまったく違った切り口の性格論になっていることを、まずは知っておいてもらえれば幸いです。

性格をどう見るか

さて、アドラーが性格をどのようなものと考えているかは、これから本書の中で詳しく見ていきますが、要点は次の通りです。

アドラーは、「性格は生得的なものではない」と考えています。持って生まれたものであれば性格を変えられませんが、そうすると、教育も治療も意味がないことになります。どちらも人が変わりうることが前提だからです。

性格は生得的なものではなく、自分が選んだと考える。そして、その選択は決して偶然ではなく目的があります。自分にとって何らかの意味でメリットがなければ、どんな性格も選択しないということです。先に見た中学生についていえば、暗い性格を選ぶことは彼女にとってメリットがあったということです。ただし、この選択は意識的にされるわけではありませんから、選択の目的を指摘しても抵抗されることが多いのです。

性格を自分で選んだのであれば、変えることが可能です。もっとも、性格を変えることは容易ではありません。なぜなら、性格を変えてしまうと、次の瞬間、何が起こるかわからなくなるからです。

明るい性格を選ぶと何が起こるか。積極的に人と関われるようになるでしょう。人と積極的に関わるために明るい性格を選ぶともいえますが、そうすると、困ったことが起こります。アドラーが「あらゆる悩みは対人関係の悩みである」といっているように、人と関わると何らかの摩擦が生じないわけにはいかず、人からひどいことをいわれて、傷つけられるということが起こります。そんなことなら、もう誰とも関わらないでおこうと思った人が、人と関わらないでおくために暗い性格を選択するのです。そうすれば、「自分でも自分のことを好きになれないのに、どうして他の人が自分を好きになってくれるだろう」と考えることができ、人と関わらないでいられます。

このように、性格は対人関係の中で選ばれるものです。家族の前、友人の前、上司の前などで人は微妙に、あるいはかなり変わるということは誰でも心当たりがあるでしょう。性格を対人関係から切り離しては考えることができないのです。

性格について考える時に注意すべきこと

アドラーは、『性格の心理学』の中で、非常に細かく「性格」を分類しています。以下、本書では第1章から5章まで、タイプ別に「性格」について解説しますが、注意してほしいことがあります。

まず、アドラーが『性格の心理学』で性格をタイプ分けするのは、「個人の類似性について、よりよく理解するための知的な手段」(『個人心理学講義』)だということです。私は、高校生に心理学を教えていたことがありますが、心理学というと性格診断とか心理テストと思っている人が多かったです。

性格について話すとほとんどの生徒は興味深く聞いてくれたのですが、まるで血液型や星座占いの話を聞いているかのようでした。ある性格のタイプについての話をすると、たちまち自分のまわりにいる他人の姿が頭に浮かぶのでしょう、「ああ、あの人はこのタイプだ」というふうに思ってしまう人が多いです。もちろん、自分がどのタイプかと考える人もいますが、タイプに当てはめようとするのは同じです。

でも、人は一人一人違います。一本の木に同じ葉を見つけることができないように、二人の人がまったく同じということはありえません。アドラーが関心を持ったのは、いわば生身の血の通った、目の前にいる「この人」であって、人間一般ではないのです。

ところが、個人をタイプに振り分けることは人を一般化することなので、個人の独自性が見失われることになり、人を一度何らかのタイプ別に、「一定の整理棚」に置いてしまうと、「別の棚」（分類）に入れようとはしなくなります。

アドラーも『性格の心理学』において性格を分類してはいますが、個人の独自性を前提にしているので、血液型や星座占いとはまったく違うことを理解しておかなければなりません。タイプ分けをする目的を見失うと個人をタイプに当てはめることになり、そのタイプからはみ出た、その人の独自性、個性を見逃してしまうことになります。

しかし、それにもかかわらず、人はその時々でまったく無原則に場当たり的に行動しているわけではありません。そこには各人に固有のパターンがあって、それは同じものとして繰り返されるのです。その都度無原則に自由意志によって決断し行動するという面を強調しすぎてしまうと、個性とか人格すら問題にならなくなります。ある課題を前にして行われる決断や対処の仕方には個人に固有のパターンがあり、それが性格です。

先の引用で、アドラーは「類似性」という言葉を使っています。ちょうど身体がだるいとか熱があるというような症状について対処するのではなく、それが何の症状かを見極める。それを「癌《がん》」であると見れば有効な対処ができるように、人の行動を個別に見るのではなく、例えば「虚栄心」という「類似性」で括《くく》って見ることが人を理解することにつながり、必要があれば性格を変えることを容易にするのです。

次に、「分類することが最終目標ではない」ということを知らないといけません。必要があれば、性格を変えることが性格を分類することの目標です。性格をタイプ分けすることを通して自分自身の性格について理解できれば、性格を変えることができます。

第三に、性格を変えるとしても「どう変えるか」という目標あるいは規範がなければ変えることはできません。それは、端的にいえば「共同体感覚」に根ざした性格です。それがどういう意味かは終章で詳しく考察しますが、人は誰も一人で生きることはできないのですから、他者に関心を持ち、他者に貢献しようと思っているかどうかを、アドラーは性格について考える時の重要な指標にしています。

「人間知」とは何か

『性格の心理学』が『人間知の心理学』の第二部であることを先に見ましたが、この本の原題である「メンシェンケントニス（Menschenkenntnis）」は「自分や他者についての知」

という意味です。ただし、自分や他者については対人関係から離れて知ることはできません。対人関係の中での自分や他者が何を目的にどう行動するかを知れば、その知は対人関係上の問題を解決し、必要があれば自分の性格を変えるために有用です。

他者についてもですが、とりわけ、自分について知ることは難しいです。アドラーは次のようにいっています。

人間の本性について知るためには、不遜であったり傲慢《ごうまん》であってはならない。そのためには謙虚さが必要である。

（『人間知の心理学』）

自分についてもそうですし、他の人についても同様です。わかっていると思っても、たぶん、わかっていない。特に、自分については、何を目的に行動しているかということなど、ほとんど本人は無意識で、むしろまわりの人のほうがよくわかっていることもあります。ですから、自分や他の人について知るためには謙虚でなければいけないとアドラーはいうのです。

別の本からの引用も見てみましょう。

人間の本性について大いなる理解をしたソクラテスの「自分自身を知ることは何と困難なことであろう」という言葉が、数千年の間、我々の耳に鳴り響いている。

（『子どもの教育』）

古代ギリシアのデルポイの社《やしろ》には「汝《なんじ》自身を知れ」というアポロンの神託が掲げられていました。自分のことは自分が一番よく知っているといいたい人はいるでしょうが、もしも自分を知ることがたやすいことであったら、わざわざ「汝自身を知れ」という神託が社に掲げられたりしなかったでしょう。

『性格の心理学』を読むと、アドラーの人間についての洞察が非常に深いことがわかります。自分のことが語られているように思って耳を覆いたくなるかもしれません。

しかし、人は自分の顔は鏡を見なければ見ることができません。アドラーの言葉の中に自分を見出せば、自分についての理解が深まり、自分を見直し、もしも必要だとわかれば自分の性格を変える「勇気」を得ることができるでしょう。

それでは最後に、『人間知の心理学』の原書 *Menschenkenntnis* が、アメリカで英訳出版されてミリオンセラーになった時、出版界の老舗《しにせ》情報誌『パブリッシャーズ・ウィークリー』に掲載された全面広告を紹介して、第1章へと進みたいと思います。

「あなたは劣等コンプレックスを持っていますか？　不安ですか？　臆病ですか？　横柄ですか？　従順ですか？　運命があるのを信じますか？　隣人を理解していますか？　自分自身を理解していますか？　一夜を自分自身と共に過ごしなさい。自分自身を見つめる冒険をしなさい。時代のもっとも偉大な心理学者の一人が、あなたが正しい場所で正しいことをする手助けをしましょう」

第1章　虚栄心・嫉妬・憎しみ

——攻撃型は意識的に強調する

攻撃的性格の特性

まずは、アドラーが「攻撃的な性格」と分類した性格について見ていきたいと思います。「虚栄心が強い性格」「嫉妬《しっと》深い性格」「憎しみの感情や敵意」などがそれに当たります。

アドラーのいう「攻撃的」とは、他者との関係において勝利を収めなければならないと考え、時に他者を非難するなどして他者に敵対的であるということです。攻撃的な性格の人は、自分の弱さを隠すために自分の強さを誇張します。

1　虚栄心が強い性格

虚栄心とは何か

まず一つ目は「虚栄心」です。「自分は虚栄心が強い」「見栄っ張りな性格だ」と心当たりのある方は、どうぞ自分と照らし合わせながらお読みください。

虚栄心とは、要するに、自分を実際よりもよく見せようとすることです。

虚栄心においては、あの上に向かう線が見て取れる。この線は、人は自分が不完全であると感じていて、等身大以上の大きな目標を設定し、他の人以上であろうとすることを示している。

「あの上に向かう線」というのは、アドラーは別のところでは「優越性の追求」と表現しているのですが、他の人よりも優れていようとするという意味です。その後にある「自分が不完全であると感じていること」は「劣等感」とも表現しています。アドラーは、優越性の追求と劣等感は表裏の関係にあり、普遍的で誰もが持っているものであるとしながらも、「個人的な」と限定がつくような優越性の追求には問題があるといいます。

具体例として、授業中に先生に黒板消しを投げつける少年の話を紹介しています。

先生が黒板に向かって字を書いている時に、後ろから黒板消しを投げつける少年がいました。そういうことがたびたびあるので、校長先生は何度も彼を家に帰らせました。でも、その少年は黒板消しを投げるのをやめない。校長先生は、「注意をして家に帰らせたにもかかわらず黒板消しを投げるのをやめない」とアドラーに説明しました。しかし、アドラーの見方は違いました。「黒板消しを先生に投げつけることを注意して家に帰らせたからこそ、黒板消しを投げつけるのをやめない」というのです。

アドラーは、公開の場でこの少年のカウンセリングをしました。このことについては、当時ずいぶん批判されました。人前で自分の問題を打ち明けるなんて難しいだろう、と。でも、アドラーは、子どもは多くの人の前で話をする機会を与えられると、自分のことをその場にいる人みんなが真剣に考えてくれていると思い、自分の存在が重要であるという感覚を得られると指摘しています。アドラーは少年と次のようなやりとりをしました。

「君は何歳ですか」

「十歳」

「十歳？　十歳にしては小さくはないですか」

ここはやや挑発的ですね。その言葉を聞いて、少年はムッとしてアドラーを睨《にら》みます。

「私を見てごらん。私も四十歳にしては小さいでしょう」

アドラーが小柄だったことはよく知られています。アドラーは慎重に言葉を選んで、次のような言い方をしています。

「小さい僕たちは、大きいことを証明しなければならない。だから先生に向かって黒板消しを投げつける、そうではないかな？」

「小さい君」といっていないことに注目できます。少年は目を伏せたまま、少し肩をすくめます。

「さあ、私を見てごらん。私が何をしているか」

アドラーは何をしたかというと、つま先立ちをしたのです。つま先立ちをして、自分を大きく見せ、また、力を抜いて元のように立つ。これを少年に話をする間に何度もしました。つま先立ちをして、再び力を抜いて元に戻す……。

「何をしているかわかるだろう？」

少年はアドラーの顔を見上げるのですが、アドラーはこう説明をします。

「君は自分を実際よりも大きく見せようとしているのです。君は実際よりも大きくなければならない。皆にも自分にもそのことを証明しなければならない。権威に反抗しなければならない……」

権威というのは、この場合は学校や先生ですね。どうやって反抗するのか。

「先生に黒板消しを投げたりして」

これが虚栄心の一つの例です。自分を実際あるよりも大きく見せること、自分は優れていると見せようとすること、これが虚栄心であるとアドラーは考えています。

先の引用にあるように「虚栄心においては、あの上に向かう線が見て取れる」とアドラーがいう時、そこにある優越性の追求はもはや誰にでも見られる普遍的なものではありません。「等身大」の自分であるだけでは十分でなく、「他の人以上であろう」とし、実際よりも自分を大きく見せるためにつま先で立つようなことをして、「成功と優越性」を得ようとしている人のことを意味します。

「価値低減傾向」のある人たち

もう一つの例を出します。アドラーがスコットランドのアバディーン大学で集中講義をしました。四日間続く講義でした。実はその四日の講義を終えた後、アドラーは心筋梗塞《しんきんこうそく》で亡くなりました。六十七歳でした。その最後のひとときをアバディーン大学で過ごしました。

アバディーンでの最初の夜のことです。招聘《しょうへい》先の大学のレックス・ナイトという教授と、滞在先のホテルのロビーで挨拶を交わしてソファーに腰を下ろした時、一人の青年がやってきてこういいました。

「お二人の紳士が心理学者であることは知っています。でも、私がどんな人物か言い当てることは、おそらくどちらにもできないと思いますよ」

こういうシチュエーションは想像しにくいかもしれませんが、私は、これとよく似た経験をしたことがあります。私が心理学を教えていることを知っている学生が近づいてきて、「先生は心理学を教えている人だから、私が今、何を考えているかわかるでしょう？」というのです。

もちろん、そんなことはわかるはずがありません。心理学者だから、カウンセラーだからといって、人の心が読めるはずもないです。では、そういう質問をする学生の目的は何かというと、相手、つまり教師である私の価値をおとしめて、相対的に自分の価値を高めようとすることにあります。このことをアドラーは、「価値低減傾向」という言葉で表しています。

虚栄心のある人、あるいは本当は自分が優れていないことを知っている人が、相手の価値をおとしめることで相対的に自分の価値を高め、そのことによって優越感を得ようとする、こういうことを指して、アドラーは「価値低減傾向」といいます。

学生が私に「私の心が読めるでしょう」といい、そのことに対して私が「いや、あなたの心なんか読めない」と返事をしたら、半ば軽蔑したような表情を浮かべ――というようなことは、私のこれまでの人生の中では時々ありました。

アバディーンのこの青年も、二人の先生にいきなり「私がどんな人物か、言い当てることはできないでしょう」と挑発的にいったのは、価値低減傾向があったということです。ナイト教授は非常に困惑しましたが、アドラーは目を上げるとじっと若者を見てこういいました。

「いいえ、あなたについて話せることがあると思いますよ。あなたは非常に虚栄心が強いですね」

どうして虚栄心が強いと思うのかと問われて、アドラーはこう答えました。

「二人の知らない紳士がソファーにすわっているところにやってきて、私のことをどう思うかとたずねるとは、虚栄心が強いということではないか」

人に認められようとし、他の人が自分をどう見るかということを強く気にかけている。アドラーは、たちどころにして、この青年が「虚栄心が強い」ことを見抜いたのです。なぜ他人の価値を落として優越感を得ようとするのかというと、虚栄心のある人には、その裏に強い劣等感があるからです。自分が実際には優れていないことを知っているからこそ、ことさらに自分が優れていると強調しようとするのです。

また、職場などで、上司が部下を叱《しか》りつけることがありますね。アドラーは、仕事の場面を「第一の競技場」というのですが、その「第一の競技場を離れて、第二の戦場で、認められたいという欲求を満たそうとする」上司がいる。つまり、仕事とは直接関係のないところで部下を叱りつけることで部下の価値をおとしめ、相対的に自分の価値を高めようとする。それが「虚栄心」の現れだと指摘しています。

虚栄心は隠れたがる

「私は虚栄心がある」と他人に堂々という人はいませんし、他人からそういわれるのも普通は好みません。アドラーは次のようにいっています。

> どんな人にも、たとえ痕跡だけだとしても、虚栄心はあるといえる。しかし、虚栄心を見せつけることはよい印象を与えないので、大抵は、しっかりと隠されているか、様々な形を取る。

また、「虚栄心」という言い方をしないで、例えば「野心」という言葉を使うことがあるともいいます。

私は「野心」と訳しましたが、原本ではドイツ語の「Ehrgeiz」という言葉で、「功名心」とか「名誉欲」という訳語が辞書には出ています。アドラーが、「虚栄心や尊大という言葉の代わりに、美しく響く言葉としてEhrgeizを使うことによって、何とか切り抜けようとする」という表現をしているので、肯定的にも聞こえるように「野心」と訳しました。

「野望」というと少し強すぎるのですが、「野心がある」というと、比較的よい響きにも聞こえます。虚栄心があるとは認めたくないけれど、自分には野心があるという言い方をする人は、実際多いかもしれません。

田辺聖子の小説に『花衣ぬぐやまつわる……』があります。杉田久女《ひさじょ》という俳人の伝記小説ですが、彼女が大学に進学したいといったところ、親類、親戚から「虚栄心だ」といわれるシーンが出てきます。それに対して彼女は、「いや、そうじゃない、向上心だ」と答える。

杉田久女は、アドラーよりも少し後の一八九〇年生まれで一九四六年に亡くなっていますが、当時、女性が大学に進学することは一般的ではありませんでした。

人間の偉業は野心がなければ成し遂げられなかったと指摘する人は多いでしょう。でも、アドラーは「これは誤ってそのように見えているのであり、誤った見方である」とし、「天才的な業績は、何らかの仕方で共同体が見据えられていれば可能」だが、「〔天才的な業績において〕虚栄心の影響は大きなものではありえない」と説いています。

虚栄心によって失うもの

次に虚栄心の問題点について話します。アドラーはこんなことをいっています。

総じて、認められようとする努力が優勢となるや否や、精神生活の中で緊張が高まる。

これはわかりますね。人によく思われたいということは誰もが考えることですが、その認められようとする努力が優勢になると緊張が高まる。

例えば、人前で話をする時に、「いい話をしよう」とか、「人の心を打つ話をしよう」とか、あるいは、自分の才能を人から認められたいというようなことばかり気にしてしまうと非常に緊張します。下手なら下手なりに話をすればいいものを、上手に話をしないといけないという意識が前面に出てしまうと、緊張してしまい、そのためむしろ話ができなくなってしまうことがあります。アドラーは続けます。

> **この緊張は、人が力と優越性の目標をよりはっきりと見据え、その目標に、活動を強めて、近づくことを試みるように作用する。そのような人生は、大きな勝利を期待するようになる。**

人は認められようとすると、力と優越性を目標にするとアドラーはいっています。他者よりも優れようとして、等身大以上の大きな目標を設定して行動するのです。でも、本当に優れている人は、自分が優れているということを誇示しません。自分に自信がない人、劣等感を持っている人が、必要以上に自分が優れているということを強調することが多いのです。

さらに、次のようにいっています。

このような人は現実との接点を見失うに違いない（unsachlich）。なぜなら、人生との連関を失うからであり、常に、〔人に〕どんな印象を与えるか、他の人が自分についてどう考えるかという問いにかかずらうことになるからである。行動の自由は、そのことによって、著しく妨げられることになる。そして、もっとも頻繁に現れる性格特徴があらわになる。虚栄心である。

先に紹介したアバディーンの青年の話に戻します。青年にアドラーはこういいました。「二人の知らない紳士がソファーにすわっているところにやってきて、私のことをどう思うかとたずねるとは、虚栄心が強いということではないか」

青年は、自分がどんな人物であるか言い当てることができるかと二人に問うわけですが、彼はそういう行動を取ることで、自分がその二人にどう思われるかということを気にしています。こういう唐突な質問をぶつけた彼は、「君は非常に有能である」というような言葉を、ひょっとしたらかけてもらいたいと思ったのかもしれない。

このように、自分の優越性を保持しようとしている人が、人にどんな印象を与えるか、他の人が自分についてどう考えるかということばかり考えていると一体何が起こるかといえば、「現実との接点を見失う」。なぜなら、本来の自分ではなくて、それ以上の自分のほうに焦点を当てた生き方をしているからです。

例えば、仕事や勉強についていえば、できないならできないところから始めるしかないのに、自分が人から優れていると思われたいと考えている人は、背伸びをして、さらにより高いところを目指します。それだけとらえたらよいことのように聞こえますが、unsachlich（事実とか現実という意味のSacheという名詞から派生した形容詞で、unが付いているので否定です）「事実に即していない」「現実に即していない」行動を強いられることになってしまうのです。

現状のままでよいのかということについては、特に仕事や勉強においては、そうではないと多くの人は考えています。けれども、まずは、自分がどれくらいの力があるのかを理解してそこから始めないといけないのに、その努力を飛ばしてしまって、いきなり梯子《はしご》もかけないで二階に上がるような無謀な試みをしてしまうと、現実との接点を見失った生き方になってしまいます。

どんな時に現実との接点を見失いやすいかというと、「人からどう思われるかを気にしてしまう時」です。人からよく思われることが、なぜその人にとって大事かというと、自分が優れているかどうかを自分では確信できないからです。あるいは、自分がこれからしようとしていることが、はたしてよいことなのか、悪いことなのか、その善悪の判断ができないからです。

子どもの話をしましょう。叱られて、あるいは、ほめられて育った子どもたちは、大きくなった時に、自分では自分の行動の価値がわからなくなることがよくあります。ですから私は、「子どもを叱ってはいけない、ほめるのもやめよう」といっているのです。自分がしていることの意味は、他の人がそれを認めるか、認めないかにかかわらず、自分で判断できなければいけません。叱られ、ほめられて育った子どもは、人からどう思われるかということを気にしてしまうことで、自分の人生を生きられないことになってしまうのです。

そのような親子関係の場合、親が、子どもがこれから歩もうとしている人生の行く手を妨げることもあります。子どもが「大学には行かない」という強い意志を持っていても、今の世の中、大学に行かないといけないだろうというようなことを親はいいます。あるいは、結婚したい相手がいるのに、親から反対されることもあります。逆に、結婚しない人生を歩むといっても、親は、そういう人生を歩むことに異を唱え反対する。このように、常に親に評価され、その顔色をうかがいながら親からよく思われたいと思っている人も、自分の人生を生きられないという意味で、現実との接点を失った生き方をすることになってしまいます。

現実との接点を見失い、人からどう思われるかを気にするようになると「行動の自由」が著しく妨げられるとアドラーがいっていることの意味も、今の説明からおわかりだと思います。「いいたいことがいえなくなる」あるいは「するべきことができなくなる」。本当は、人からどう思われるかを気にする前に、自分が何をするべきかを判断できないといけないのに、それができずに好機を逸してしまう。

例えば、電車の中で高齢の方が立っている時、席を譲りたいと思ったら譲ればいいのに、よけいなことを考えてしまう。「もし、この方に席を譲るといったら、一体どう思われるだろうか」と。

私の父は「自分はまだ老人ではないのに席を譲られた」といってよく怒っていました。そういう人もいるかもしれない。また、まわりの人に対しても、「もし譲ったら（譲らなかったら）、自分をどう思うか」とも考えるでしょう。そんなことを考えている間に、譲るべきチャンスを逸してしまって、その人が電車から降りてしまったりもする。ですから、自分がしたいことがあれば、自分が人からどう思われるかを考えないでそれをできる人にならないと、行動の自由が失われてしまうというわけです。

「ゲッター」になってはいけない

次の引用に移りましょう。

> 虚栄心は、一定の限度を超えると、非常に危険なものになる。実際にあること（Sein）よりも思われ（どう思われるか、Schein）に関わるような、様々な役に立たない仕事や消費へと人を強いるということ、〔他者よりも〕自分のことをより考えさせ、せいぜい、自分について他者がどう判断するかを考えさせるということは別としても、人は、虚栄心によって、容易に現実との接触を失うのである。

ここでもまた、「現実との接触を失う」と書いています。

引用にある「様々な役に立たない仕事や消費へと人を強いる」というのはわかりますね。例えば、自分が優れていると見えるようなことを目指して努力する。本当に優れていないと意味がないのに、優れていると見えるように振る舞う。あるいは、自分が幸福であるよりも前に、人から幸福であると見られるように生きること――実際に幸福であることこそが大事だと私は思いますが――は、「役に立たない仕事」に他なりません。

アドラーは、虚栄心の弊害について、次のようにいっています。

虚栄心のある人は、通常、自分の何らかの失敗の罪を〔他の人に〕肩代わりさせることを試みる。自分は常に正しく、他の人は正しくないのである。しかし、人生においては、正しいということは重要ではない。むしろ、自分の問題を前に進め、他の人の問題を促進することに貢献することが重要なのである。

虚栄心のある人は、問題の解決よりも、自分が正しいかどうか、それを証明することだけが重要であると考えます。平たくいうと喧嘩《けんか》をしている時がそうですね。今、起こっている問題を解決することよりも、どちらが正しいかを証明しようとする。

一番の弊害は、引用にもあるように、自分の失敗を他人のせいにすることです。そうすることで、問題への取り組みを回避するか、問題の前で行動をためらってしまう。

おそらく、このような人は失敗した時に謝らないでしょう。どんなことがあっても、謝ったら自分が正しくない証明になると思って謝らない。「失敗は自分のせいではなくて、人のせいだ」と考えるのです。

あるいは過去に遡って、「もしも自分が受けた教育とは違う教育を受けていたら、人生はこんなにみじめにならなかったかもしれない」と思い込む人、自分が今生きづらいことの理由を性格に求める人もいます。そのように可能性ばかりにかけて、ここでもまた、現実との接点を見失うことになってしまう。

人からどう思われるかを気にして虚栄心が強くなってしまうと、他者のことよりも自分のことばかり考えるようになります。つまり、自分にしか関心がない。

〈現実との接触を失うと〉人生が要求していること、人間として〈人生に〉何を与えなければならないかを忘れる。

虚栄心のある人は、アドラーの言葉を使うと「期待する人」、それから、「取る人」となります。英語でいえば、ゲッター（getter）です。ギブする（与える）のではなくゲットする人。他の人が自分に何をしてくれるかに関心がある人——それが虚栄心が強い人だとアドラーは説明します。

誰もが、多かれ少なかれ虚栄心があるという話をしましたが、人からどう思われようと、他者の自分についての評価に自分を合わせないこと、ありのままに自分を受け入れることを、まず心がけないといけません。他の人の評価にとらわれてしまって、人からよく思われようとか、人の期待にこたえようという生き方はやめようというのが、アドラーの提案です。そしてそこに留まらず、自分がどう変わればいいのかについて、はっきりと打ち出しているのですが、それは最終章でお話しすることにいたします。

2 嫉妬深い性格

嫉妬とは「弱さ」である

二つ目の性格特徴は「嫉妬」です。嫉妬する人は、他の人に対して敵対的な立場を取りますから、嫉妬も攻撃的な性格の一つとしてあげられています。

（嫉妬は）愛の関係における嫉妬を意味しているだけではなく、他のすべての人間の関係においても見ることができる。とりわけ、子ども時代には、きょうだいが、他のきょうだいよりも優るために、野心の感情と共に、このような嫉妬も自らの内に発達させ、そうすることで敵対的で闘争的な立場を示す。

きょうだい関係は、後でまた詳しく話しますが、私たちの性格形成に大きな影響を与えます。私の孫娘を見ていたら、よくわかります。突然弟が生まれてきて、親を取られたような気がするのでしょう。とにかく、四六時中援助が必要な弟がいる。でも、自分は、「もうあなたはお姉さんだから」と自立を促されます。そうした時に、弟に対して嫉妬の感情を持つようになる。そして、そのような関係の中から、非常に激しい競争関係が芽生えてきます。

第一子は、特に、「王座転落」を経験します。他のきょうだいが自分より愛されているのではないかと思った時に嫉妬をする。嫉妬は、アドラーの言い方をすれば、劣等感にもとづいた「弱さ」です。

どういうことかというと、自信がある人は、嫉妬という感情は起きません。相手を自分のもとにとどめておけないのではないかという不安にとらわれることはないのです。例えば、自分がきょうだいよりも劣っているかもしれないと思った時、普通にしていたら親の愛情が自分ではなくきょうだいのほうに向かうかもしれないと思った時、きょうだいに対して激しい嫉妬の感情を作り出します。これは大人同士の恋愛関係にも起こる「嫉妬」とまったく同じ構造です。

嫉妬と羨望の違い

「虚栄心」を「野心」という言葉に置き換えて、やや意味を弱めてその存在を認めようとしているのと同じように、アドラーは嫉妬と区別して、「羨望《せんぼう》」という言葉を使っています。

我々の生活の中には、ある程度羨望の気持ちがある。わずかであれば害を及ぼすことはなく、ごく普通のことである。しかし、羨望は有用なものでなければならない。羨望によって、仕事をし前に進んでいき、問題に直面できるようにならなくてはならない。

そのようであれば羨望は無益なものではない。それゆえ、我々が皆持っているわずかな羨望は大目に見るべきである。

（『個人心理学講義』）

ライバルはいてもいいけれど、ライバルと競う必要はない。「あんなふうになりたい」と羨望の対象になる人がいるのはかまわない。その人と競わなければいいし、その人と同じようにはなれないことがわかっていれば害はありません。むしろ、そういう人がいることでやる気になるのであれば、許容範囲であるというのがアドラーの考え方です。

かつて、私が大学のギリシア哲学の研究室に入った時、そこで学ぶ仲間が驚くほど優秀であることに衝撃を受けました。研究室に入ったら、私よりもはるかにできる人がいくらでもいました。「ああ、あんなふうになりたい。先輩たちのように、古代ギリシア語で書かれた文献を近代語のようにスラスラと読めるようになりたい」と思いました。これは今から思えば嫉妬ではなく「羨望」だったのだと思います。

嫉妬は不信感として現れる

嫉妬をする人は、実力がないにもかかわらず人と競って、その人に勝とうとする。無益、不毛とまではいわずとも、大変な努力を強いられることになります。
こんなふうにアドラーは分析しています。

嫉妬は様々な形で現れる。それは不信感、こっそりうかがってはかるという特徴、軽視されているのではないかと絶えず恐れることに見られる。

「不信感」はわかりますね。恋人や配偶者など、相手のことを信じられない。自分よりも愛している別の人がいるのではないかと不信感を持つ。
「こっそりうかがってはかる」というのは、ちょっと訳語がわかりにくいですが、「はかる」は「測る」で、「比べる」、自分と相手を比べるという意味です。「うかがう」というのは、待ち構えるといいますか、相手の行動をこっそりと見て、自分と他者とを比べてみる。どちらが愛されているかを気にする。それから、自分が軽んじられているのではないかと絶えず恐れることも嫉妬の現れだとアドラーは見ています。

（嫉妬する人は）相手をけなすか、あるいは、相手を支配するために、誰かを束縛する

努力をして、その人の自由を制限することを試みる。

嫉妬する人は相手に「愛の法律を課そうとする」とアドラーはいっています。相手の行動を制限する、相手を縛りつける。自信がないから、相手を絶えず自分の監視下に置こうとするのです。

自分が一体どんな時に相手から愛されていると感じられるかというと、人によって感じ方は違うでしょうが、一つは、限りなく自由にさせてもらっていると思える時ではないでしょうか。相手を縛ることで、かえって相手の気持ちが自分から離れていくということは実際によくあることです。

「嫉妬」の感情は、大人になって初めて起こる感情ではなく、子どもの頃から、きょうだい間などで繰り返し起こってきた感情であり、そういう関係を、人を替えて、大人になっても繰り返しているということなのです。

Break 自信がないから嫉妬するのですか？

（NHK文化センター「性格の心理学講座」質疑応答より）

——私には明らかに嫉妬する部分があり、またそこが苦しい部分でもあります。そんな自分をどうとらえて過ごしていけばいいのでしょうか。先生がおっしゃるように、自信がないから嫉妬するのでしょうか？

岸見　このままの自分では、相手の気持ちが自分から離れて別の人に移ってしまうかもしれないと思ったら、何とかして相手を引き留めようとするでしょう。そんな時に相手の行動を観察すると、自分の予想を裏づけるような言動が見えてくる。自分に対する不信があると、相手の行動のすべてが、このままだと自分から離れていくかもしれないという確信を裏づける言動に映ってしまうのです。

　他の人と自分を比べても仕方がありません。自分は自分であって、他の誰でもありません。小さい時から他者と競争し、常に他者と自分を比べて大きくなった人は、「このままの自分では駄目だ」と思い込んでしまいがちです。でも、いずれにしても、他の人にはなれません。自分は自分でしかない。そんな自分にできることは二つあります。

一つは、相手がそういう自分を受け入れてくれるかどうかを相手に任せること。相手に愛されるために相手の期待を満たすような人になっても、その愛された人は自分ではありません。ですから二つ目は、自分がこのままでいいと思うこと。相手がありのままの自分を受け入れてくれるかどうかは相手に委ねるしかない。それが出発点です。


――どうしたら、ありのままの自分でいいと自信を持てるのでしょうか？


岸見　「自信」とは何かということを考える必要があります。

自分が誰かと一緒にいて、どういう時に居心地がいいと感じるでしょうか。おそらく、特別なことをする必要はないでしょう。相手がプレゼントをひっきりなしに買ってきてくれるとか、そんなことは関係なしに、その人と一緒にいる時間を心穏やかに過ごせる時ではないですか？

いいコミュニケーションができるなどということも、特に考えない。この人の前では普通にしていればいいと思えること、それが自信なのです。

自信を持つとか、自信がないと駄目だとか考えてしまうと、何かとんでもない自分でなければいけないと思うかもしれませんが、そうではなくて、「この人の前ではいい格好をしなくていいな」と思えること。そこには虚栄心も嫉妬もありません。そこを目標にするのであれば、それほど難しいことではないでしょう。

3 憎しみの感情や敵意について

対象が明確ではない「憎しみ」

最後は「憎しみの感情」や「敵意」についてです。

憎しみの感情は様々な点を攻撃することができる。目の前の課題に向けられることもあれば、個々の人、国民や階級、異性、さらに人種に向けられることもある。

アドラーの『性格の心理学』は約百年前に書かれたものですが、まさに今日的な問題をはっきりとここに表していると思います。もしも自分に害を与えようとする他者が近くにいた場合、人はその他者に対して憎しみの感情を持ちますが、もちろんこの時、その相手が誰かということははっきりしています。つまり、個人と個人の問題であれば、憎しみは特定の人に向けられます。しかし、例えばそれが、人種に向けられるような時、あるいは、どこかの国に向けられた時には、憎しみの対象は実は明確ではないのです。

それが顕著なのが戦争です。戦争においては、憎しみの対象は明確ではありません。かつて第二次世界大戦中に、日本では「鬼畜米英」という言葉が使われ、米国人、英国人は鬼畜であるというキャンペーンが展開されました。一般に米国人や英国人といった時は対象がはっきりしませんから、そのような相手を憎むことはできません。だからこそ、国民に憎しみの感情を持たせるために、「鬼畜米英」というキャンペーンが必要だったということです。

別に戦争でなくても、例えば、韓国の人や中国の人全般に憎しみを持つことはできません。中国に行って、日本人であるというだけで殴られることはないと思いますし、日本に観光にきた中国人に、日本人が憎しみを持つことはないはずなのです（「はずなのです」という言い方をしないといけないのが、今日の、非常に残念な現実だと思いますが）。

どこかの国の人一般に対して憎しみを持つ人がいるとすれば、その人はきっと、個人的に懇意にしている人がいないからでしょう。韓国人の友人がいる人は、その人を韓国という国の人、韓国に所属している人とは見ていないでしょう。具体的に「この人」「あの人」と意識できない人、イメージできない人が、中国人とか、アメリカ人とか、韓国人とか、そういう国民一般を抽象的にイメージし、それに対して憎しみの感情を持つのです。

先の引用の続きです。

憎しみの感情はいつも直線的でも明らかになるわけでもなく、時として、ベールで覆われているということ、それは例えば批判的態度という、より洗練された形を取りうるということを忘れてはならない。

「洗練された価値を取りうる」とは、批判がはたして洗練されているかどうかはともかく、誰かが誰かを批判する時も、実は、憎しみの感情を持っていることがあるということです。憎しみの感情をあらわにするということは、最初にあげた虚栄心と同様、あまりよしとはされません。そこで「私は、相手を憎んでいるわけではない、ただ批判しようとしているだけだ」というわけです。

ネット上のやり取りなどで、このようになるケースが多いのではないでしょうか。冷静なやり取りにはならず、とにかく相手を批判する。そんな時は、何が語られているかよりも、誰が話しているかが実は問題になっていたりします。

「批判する」という言葉の本来の意味は、何が語られているか、それがどういうことかということをお互いに討論、対話することであり、吟味した結果、もしも問題があれば解決することであるはずです。それなのに、相手を責めて糾弾《きゅうだん》する。その背後には、憎しみという感情が根づいている場合が多いのです。

自分本位から来る「敵意」

そして、「憎しみ」から分化したものとして「敵意」をあげています。

> 敵意の感情がとりわけよく隠されている現象形態は、不注意によって共同体感覚が課するあらゆる顧慮を行為者が無視することによって引き起こされる人やものの取り扱いと損害である。

アドラーが紹介している例ですが、植木鉢を、ちょっとした振動でも落ちるような窓際に置く。これは、植木鉢を通行人に投げつけることとはもちろん同じではなく、「不注意」かもしれません。しかし、そういう不注意な行動ですら、アドラーは「犯罪者と同じ敵意が根底にありうるということを見誤ってはいけない」「無意識の敵意ある行動様式に、意識的な敵意のある行動の場合と同じ程度の敵意が根底にありうることは疑いない」と、かなり厳しいことをいっています。

> **このような態度の中に、自分の個人的な小さな要求を、他者の幸福と不幸よりも重視し、他者に生じる危険を見逃す人がいるということを見ることができる。**

スピードを出しすぎて、たくさんの人を死傷させたドライバーがいました。なぜスピードを出していたのかと問われた彼は「大事な約束があったからだ」と弁明しました。このように、自分の個人的な小さな要求を、他者の幸福と不幸よりも重視し、他者に生じる危険を見逃してしまう人も、他者に対して敵意に満ちた人であるとアドラーはいいます。

おそらくはよい意図を持っている人も、このような状況においては、徹底的に個人的に防衛するしかないという確信に満たされているからである。その際、大抵、このような個人的な防衛が、通常、再び他の人を害することと結びついていることは見逃される。

コロナ禍においては、多くの人が、自分を守るしかない、防衛するしかないと思っているでしょう。その人が、他者を害することになる可能性があるということです。「自粛警察」とか「コロナ警察」という言葉が使われますが、感染者に対して敵意のある態度を示すことも、このアドラーの言葉の例になると思います。

おそらく、よい意図を持っている、感染したくないというところまでは別に間違っているわけではありませんが、「防衛」が行きすぎてしまうと「敵意」に変わる可能性があるのです。

時にはそのようなことが自動的に起こる。集団の精神は常に働いており、できる限り身を守ろうとするからである。

他国からの侵略に備えなければならないと考える人は、自衛のための戦争を辞さないでしょう。自衛のためであれば、あるいは正義のためであれば、戦争も許容できるというふうに考えてしまう。

そう考える人たちは、少し立ち止まって考えないといけません。良識のある人は当然理解していると思いますが、個人と国家、国家と政府の違いすら考えずに、戦争を国家単位でとらえてしまう人が多いのです。アドラーは第二次世界大戦を見ないで亡くなりましたが、第一次世界大戦の経験を経て、このような問題におそらく敏感だったのでしょう。

この章では、「攻撃的な性格特徴」について見てきました。この性格特徴を持っている人は、いずれも他者に対して敵対的であり、関心が他者ではなく自分に向けられています。根底にあるのは弱さであり、劣等感です。それを他の人から見透かされないように、実際以上に自分を大きく見せようとし、時にすべての人が「攻撃の的」になるのです。

第2章 控え目・不安・臆病

——防衛型は課題から逃避する

防衛型性格の特性

この章では、アドラーが「防衛型の性格」と分類した性格について分析します。「控え目な性格」「不安になりやすい性格」「臆病な性格」などがそれにあたります。この防衛型の性格特徴について、アドラーは「敵意ある孤立」という言葉を使って説明しています。

最初の引用です。

すべての人とものを恐れ、途方もない不信感を抱き、他の人からは敵意しか期待しない。

例えば、同じ場所、同じ空間でたくさんの人と一堂に会した時、他者は自分に対して敵意を持っているのではないかと不信感を持ってしまうような人です。そういう人はどうしても孤立する。ただ孤立するだけではなく、「敵意ある孤立」をしているというのがアドラーの考え方です。

「敵意ある」とは言い過ぎではないかと思われるかもしれませんが、人が集まる場面で、まったく話そうとしない人がいます。なぜ話をしないのかというと、不用意に人と関わって、攻撃されたり、傷つけられたりするくらいなら、黙っていたほうがいいと思うからです。コミュニケーションのあり方として、人を傷つけていいはずはありません。自分はそのような態度は取らないにしても、もしかしたら相手から傷つけられるかもしれないと、摩擦を恐れて黙ってしまう。

そのような人が集団の中にいたとすると、何が起こるか。何を考えているかわからない人の存在は非常に気にかかります。「いつも静かに控えているけれど、あの人は、いったい何を考えているかわからない」とまわりの人は気になって仕方がない。人とのコミュニケーションの取り方として、結局のところ、他の人との関係を損なうことになってしまうのです。

敵意の流れの全体が曲げられ、回り道を取っているかのように見える。

誰かに直接、攻撃を向けるわけではないけれど、回り道を取ったような形で、結果的にまわりにいる人を不快な気持ちにさせてしまう。

孤立する人は協力もしません。人は一人で生きているわけではありませんから、人と協力しなければ生きていくことはできない。それにもかかわらず、孤立してしまう人は、他者と協力することを拒みます。他者から距離を取り、どんな結びつきも避けて孤立する。そういう人は、直接には他人に害を加えることはないけれども、攻撃的な人と同じように敵意を持っているとアドラーは考えます。

1　控え目な性格

自分は理解してもらえないという思い込み

最初は、「控え目」な性格について見てみましょう。私は「控え目」と訳しましたが、何と訳していいか本当に悩みました。ツーリュクゲツォーゲンハイト（Zurückgezogenheit）という言葉が原語です。動詞はツーリュクツィーエン（zurückziehen）で、「後ろに引っ張る」という意味です。後ろに引っ張る、つまり前に出てこないで引き下がる、そう解釈して「控え目」と訳しました。次の引用を見てください。

> **控え目は様々な仕方で現れる。控え目な人はあまり話さないか、まったく話さない。人を見ず、話に耳を傾けることもなく、話しかけても注意を払わない。あらゆる関係において、もっとも単純な関係においても、冷たさが見られ、人を互いに引き離す。**

「控え目」という言葉を使うと、好ましい印象を与えるかもしれませんが、話しかけてもまったく話さないとか、話を聞かないということになるとどうでしょうか。話に耳を傾けることもなく、話しかけても無視するとか、注意を払わない人がいるとしたら、その人が「敵意ある孤立」の状態にある、とアドラーがいっているのもよくわかります。

なぜ、孤立しているのか。そういう人には、孤立することの目標があります。自分が特別である、自分が優れていることの証《あかし》にしたいのです。積極的な敵意を人に向けるわけではありませんが、誰も自分のことをわかってくれないと、他の人に恨みを持つ場合もあります。

問題は、自分が何を考えているかを他の人に説明しないにもかかわらず、自分が何を考えているかを他の人が理解してくれないと思っていることです。これはどう考えてもおかしいですね。もしも自分が何を感じ、何を考えているのかを他の人に理解してほしいのであれば、孤立していてはいけません。自分の考えをきちんと説明しないといけない。

　でも、孤立している人は、自分の考えを説明しません。誰にも理解されないはずなのに、孤立しているがゆえに、いよいよ自分が正しいと確信してしまう。そのような人は、誰からも支持されないことが、自分が正しいことの証であると考えます。

対人関係から逃れるための態度

　現代に引きつけていうと、追い詰められた宗教の教祖が、自分を支持する信徒を駆り立ててテロ行為に走ったオウム事件が、まさにこれに当たります。自分たちの教義が理解されないことが、自分の宗教の正しさの証であると考えてしまう。ですから、そういう宗教団体を追い詰めてはいけません。あるいは、危険と思われている国家との外交ルートを断ち切ってしまって孤立させてしまうことも、非常に危険であるということです。

　また、自ら命を絶とうとする人がいます。そういう人に対してできることは、孤立しないように援助することです。誰か一人でも、自分の考え方を理解してくれる人がいるとわかれば、今やろうとしていることの間違いに気づくかもしれません。「自分が孤立しているから、自分が間違っていない」と考えてしまうように追い詰めてはいけないのです。

アドラーは「孤立」について、言葉を尽くして説明しています。他者を退けるような態度を取っている人がいるとしたら、その人は、本当は孤立を望んでいるわけではないことをまわりの人は知っておかなければなりません。人生の課題、つまり、対人関係から逃れるために控え目な態度を取っていることを理解しておかないといけません。

2 不安になりやすい性格

なぜ不安になるのか

防衛的な性格特徴の二つ目は「不安」です。

> まわりの世界に敵対的であるような人の態度に不安の特徴を見出すのは稀ではない。

ここでも、「敵対的」という言葉を使っています。

> **それは人の人生を途方もなくつらいものにし、自分を他の人から閉め出し、そうすることで、平和な生と実りのある行動の基礎を獲得することに向かないようにする。恐れは人の生活のあらゆる関係に及びうるからである。**

「不安」という感情を作り出す人の説明がここから始まります。人生の困難（ここでは「対人関係」を意味します）から逃げ出そうとする人が不安という感情を作り出し、さらにこの感情を使って、人生の課題から逃げ出す決心をする後押しをさせようとしているわけです。

人とのつながりがないほうが他者との関係の中で摩擦を生じることがないので、そのほうが楽で生きやすいと考える人がいます。でも本当は、他者との関係を断てば、そもそも幸福に生きることはできません。

アドラーは、「あらゆる悩みは対人関係の悩みである」といっています。人と交われば傷つかないわけにはいかない。だからいっそ、人との摩擦を避けるために対人関係から逃げようとする人がいてもおかしくありません。

他方、「生きる喜び」というのもアドラー自身が使う言葉ですが、「生きていてよかった」と思えること、あるいは、幸福感も、他者との関わりの中でしか得ることができません。先の引用に「平和な生と実りのある行動の基礎を獲得することに向かないようにする」とありますが、自分を他の人から閉め出してしまうと、結局のところ、生きる喜びも、幸福も得ることができないとアドラーはいいたいわけです。

繰り返しますが、不安になりやすい人は、自ら不安という感情を使うことで、他の人との関係の中に入っていこうとしていないのです。

「不安」と「恐れ」の違い

さりげなく書いてあるので読み飛ばしてしまう人もいるかもしれませんが、アドラーは「不安」と「恐れ」をほぼ同義語として使っています。強いて区別するとすれば、恐れのほうには具体的な対象があります。大きな犬が近づいてきたら恐怖を感じて逃げ出すのに対して、不安には、何か特定の対象はありません。これといった対象はないのだけれど、何となく不安になる。

不安を感じている時は、すぐに行動に出ないことが多いです。例えば、自分がこれから取り組まなければならない課題を前にして不安を感じている人は、アドラーの言葉を使うと、「ためらいの態度」を取ります。人と出会った時、この人との対人関係の中に入っていっていいものかどうかをためらいます。

不安は特定の対象を必要としません。不安という感情が起これば、ためらいの態度を取り、そうすることで、自分が今向き合うべき課題から逃げることができ、少なくとも積極的に取り組もうとしなくてすむ。その目的を達成すればいいわけです。

人生の課題から逃れるための不安

次の引用を見ましょう。

> 人がひとたび人生の困難から逃げ出す見方を獲得すれば、この見方は不安が付け加わることによって強化され、確かなものになる。実際、何かをしようと企てる時に最初に起こる感情が常に不安であるという人がいる。家を出ようとしたり、同伴者と別れるとか、仕事に就いたり、あるいは、恋に落ちる時である。（中略）慣れた状況のいかなる変化も恐れをもたらすことになるのである。

人生の困難から逃げ出す「見方」という言葉が訳語としていいのか、少し迷ったのですが、人生で何か困難にぶつかった時に、そこから逃げ出そうといつも考えている人がいるとしたら、その人にとって人生の課題から逃げ出す決心は、「不安」という感情が付け加われれば、いよいよ強化されます。つまり、こんなに不安なのだから課題から逃げてもいいのだと、自分の中で合理化できる。そのように不安という感情を使うということです。

「家を出ようとしたり、同伴者と別れるとか、仕事に就いたり、あるいは、恋に落ちる時」には、当然生活に変化が起こるわけですが、そういう変化を恐れる人もそうです。後に問題にしますが、家から外に出ようとしない人がいる。なぜ外に出ようとしないかといえば、家を一歩でも出たら、どんな不測の出来事に遭うかわからないからです。

「同伴者と別れる」、これは別に人生のパートナーという意味でなくてもいいでしょう。同伴者と一緒に出歩いている限りは、自分は何も考えなくてもただついていけばいいですが、ひとたび別れてしまったら、すべてを自分で判断しなければならなくなります。そうなると、それまでの状況とはまったく変わってしまいます。

　転職しようと思っても、これまでと違う会社では何が起こるか予測がつきません。ですから、新しい職場で働くよりも今までの職場で働いているほうがいいと、結局転職をためらってしまう。

恋に落ちる時も同じですね。恋愛感情を持つことは、それ自体は喜ばしいことですが、いざ付き合い始めると、生活のあり方が変わってくる。そういう変化を望まない人が、実際に恋に落ちる前に、あるいは仕事に就く前に、不安という感情を作り出し、その課題から逃げ出そうとするのです。

そのような人は、人生や仲間とあまりにもわずかしか結びついていないので、慣れた状況のいかなる変化も恐れをもたらすことになるのである。

不安の感情を持ちやすい人の多くは、他人との関係も希薄です。ですから、今、付き合っている人と別れたら、もう二度と誰も好きになれないかもしれない、あるいは、今の自分の仕事を辞めてしまったらもう次はないかもしれないと思い詰めて、ますます不安が強いものになってしまうのです。

（激しい恐怖とは違って）おそらくすぐに震えたり、そこ（人生の課題）から逃げ出すと

いうことはないだろう。しかし、彼〔女〕らの足取りは次第にゆっくりとしたものになり、ありとあらゆる言い訳と口実を見つけ出す。

これから起こる変化を前にして漠然と不安を感じている人は、少なくとも積極的にはその課題に立ち向かっていこうとはしないので、足取りが次第にゆっくりしたものになります。課題から逃れるために、「ありとあらゆる言い訳と口実を見つけ出す」でしょう。これがアドラーのいう「ためらいの態度」です。

このような人は、言い訳をするのが得意です。「はい、わかりました。でも」という言い方をよくします。あるいは、課題に取り組まない決心を最初にしてしまっているので、あとは全部後付けの理由を持ち出すことで、結局、「でも」と言い訳をし、そこから動こうとしません。するか、するまいかという気持ちが半々ではなく、始めから「しないでおこう」と決心をしているのです。このような場合も、不安という感情を課題回避のための言い訳、口実にしているとアドラーはいいます。

このような人がしばしば好んで過去や死のことを考える。

過去に体験したことがトラウマになっているという人がいます。私も、自分の意志に反したことを強いられた時に、人は心を病《や》むことがあると考えています。ですから、PTSD（心的外傷後ストレス障害）とかトラウマという言葉でいわれるような精神状態がないといっているわけではありません。アドラーもそのことを当然精神科医として知っているわけで、そういう症状のある患者がいることを知らなかったはずはありません。

この文脈の中で理解してほしいのは、人が過去のことを持ち出す時には、それがたとえトラウマになるような非常に辛《つら》い経験ではなくても、過去に失敗したことなどを理由に「きっとうまくいかないだろう」と考え、新しいことをするのをためらってしまう。あるいは極端な場合、死のことを考えて、自分がこれから直面しないといけない課題から逃げてしまうということです。

死や病気を恐れることが、どんな仕事もしないですませるための口実を見つける人において起こることも稀ではない。

アドラーは非常に厳しいことをいっています。耳の痛い人もいらっしゃるかもしれません。すべては虚《むな》しく、人生はあまりに短い、どんなに頑張ってみても、どうせ人間は死ぬのだと、そう考える人がいるということです。「何か大きなことを成し遂げるには、この人生はあまりに短い」と言い訳をする人、死や病気を持ち出すことで仕事もしないですませる口実にする人がいると、ここでは指摘しているのです。

アドラーは別の本で「人生は限りのあるものであるが、生きるに値するものであるには十分長い」（『個人心理学講義』）ともいっています。

不安には「相手役」がいる

続いて、角度を少し変えて、カウンセリングの視点で「不安」を見ましょう。

不安は、その最初の原初的な形においては、一人にさせられるといつも不安の兆候を示す子どもに見られる。しかし、不安を訴えるというので、その子どものところに誰かが行っても、このような子どもの渇望は決して満たされない。

子どもと関わった経験のある人はおわかりでしょう。あるいは、自分自身の子ども時代を思い出していただいたらいいと思います。一人で寝かされている子どもが夜中にふと起きたら、親が近くにいない。一緒に寝てくれているはずの父親、母親がまわりにいなくて、しかも、部屋の電気が消されているというような状況です。そんな時に、子どもは不安の兆候を示して親を呼び、「暗闇が怖いから」というでしょう。では、電気を点《つ》ければいいのかというと、そういうことではないですね。

子どもたちが、なぜ、このような訴えをするのかといえば、親に自分の世話をさせたい、自分の思うように親を振り回して支配したいからです。これが「隠された目標」です。子どもたちはそこまで意識してはいないかもしれませんが、場合によっては大きな声で泣き叫ぶことで、親を支配しようとする。それが不安の感情を作り出すことの目的なのです。

不安を訴えるのは、もちろん、子どもだけではありません。「私は不安に襲われている」という人がいれば、その不安の「相手役」が必ずいるとアドラーは考えます。「相手役」とは、アドラー自身が使っている言葉です。

大人の人生にもこのような現象がある。一人では外出したくない人のケースである。そのような人は街でよく見るタイプである。彼〔女〕らは不安げに固まり、あちらこちらを見て、その場から動かなかったり、あるいは、悪い敵から逃げるかのように通りを走る。その上、時には、このような人に助けにきてほしいと頼まれることがある。このような人は弱い病気の人ではなく、普段は非常に好調で、他の多くの人よりもずっと健康だが、ちょっとした困難の前に立つとすぐに不安発作を起こす。そして、家を出るとすぐに安全でないと感じたり、不安にまでなるのである。

このような症状を訴えている人が受診にくると、多くの患者は、この「不安発作を治してほしい」と訴えます。しかし、アドラー派のカウンセラー、あるいは、アドラー派の精神科医は、そのような訴えがあったとしても症状の除去はしません。症状の除去をカウンセリングの目標にしないのです。

アドラー派のカウンセリングは、比較的短期で終わります。何年も続くことはなく、例えば週に一度のペースでカウンセリングをすると、だいたい三か月ぐらいで終結します。カウンセリングの最初には、「このカウンセリングはどういう目標を達成したら終われるのか」という目標を患者と共に確認します。これをしないで始めてしまうと、大抵のカウンセリングは行き詰まってしまいます。

さて、不安発作の症状を除去することがカウンセリングの目標ではないといいました。では、何を目標にするのでしょうか。それは、一言でいうと「対人関係の改善」、その人を取り巻く対人関係をよくする援助です。患者と話をしていると、必ずある特定の人が出てきますが、これが「相手役」です。不安発作は誰かに向けられた症状です。不安発作は心の中で起こるのではなく、対人関係の中で起こるというのがアドラー心理学の基本的な考え方なのです。

そこで、その症状、つまり問題にしている不安が誰に向けられているものなのかを探ります。相手役がはっきりすれば、その人との対人関係の改善をカウンセリングではもっぱら話題にします。なぜ症状の除去をカウンセリングの目標にしないかといえば、「相手役」との対人関係において、実は患者自らがその症状を必要としているからです。対人関係が変わらない限り、たとえ一つの症状がなくなったとしても、アドラーの言葉でいえば「何のためらいもなく別の症状を身につける」ことになります。ですから、患者が症状を「使う」必要がない対人関係を築く援助をしなければ、本当の解決にはならないと考えているのです。

「広場恐怖症」と「狭い部屋」

さらに強い不安を訴える人が、「広場恐怖症」になることがあります。

> **この症状は「私はあまりに遠くまで行ってはいけない。なじみの状況に止まっていなければならない」という確信の表現である。人生は危険に満ちているので、それを避けなければならない。この態度が一貫して保たれる時、人は部屋にこもるか、あるいは、ベッドに入ってそこから出てこないだろう。**
>
> （『人生の意味の心理学』）

いわゆる「引きこもり」です。この章の最初に「控え目」と訳したツーリュクゲッツォーゲンハイト（Zurückgezogenheit）というドイツ語には、「引きこもり」という意味もあります。「広場恐怖症」とは、自分が敵意のある他者から迫害の標的になっていると考えてしまう症状をいいます。他者からの迫害の標的になっている自分が、その迫害から逃れるためには、自分の部屋に閉じこもっているしかない。あるいは、ベッドに入って、そこから出てこない、それしかできないと考えます。

ただし、外の世界が怖く、他の人が自分を敵視し、自分が迫害の的になっているというのは患者の説明であって、アドラーはそのようには解釈しません。

アドラーは「外では注目されない」から引きこもるのだと解釈します。夜中に目が覚めた子どもと同じです。家にいる限り、不安の症状を訴えれば、家族はその人の面倒を見ないわけにいかない。そうすれば、世界の中心に自分を位置づけることができるのです。

ところが——アドラーは「狭い部屋」という言葉を使っていますが——、その「狭い部屋」から外にひとたび出てしまうと、その人はたくさんの人の中の一人でしかなくなり、世界の中心にはなれません。そのような状況に置かれることを好まない人が、それを回避するために、狭い部屋に閉じこもり「広場恐怖症」になるのだとアドラーはいうのです。

エディプス・コンプレックスも、この広場恐怖症と同種のものです。

> **いわゆるエディプス・コンプレックスは、実際には神経症者の「狭い部屋」の特別な例でしかない。**
>
> （前掲書）

アドラーの伝記を読むと、彼自身は父親との距離が非常に近かった反面、母親とは距離を感じていたと書いてありますから、エディプス・コンプレックスではありませんでした。

神経症者は、狭い部屋を作り、ドアを閉め、人生を風や日光、新鮮な空気から守られて過ごすのである。（前掲書）

部屋の中にいる限り、強風にさらされることはありません。強い日差しからも守られる。外に出ないで、狭い部屋の中でドアを閉めて暮らす、つまりあらゆるものから保護された環境で暮らすこと。神経症者はそういう生き方をします。

エディプス・コンプレックスの犠牲者は、母親に甘やかされた子どもたちである。そのような子どもたちは、あらゆる願望が法律であり、家庭の境界の外で自立した努力によって、好意と愛を得ることができるということを認識してこなかったのである。（前掲書）

「甘やかされた子どもたち」という表現は、アドラーの本にしばしば出てきますが、そのような子どもたちは、「あらゆる願望が法律」である。つまり、「自分が願うことは何でも実現する」ということです。

本来は、狭い部屋を出て「境界の外」に出て行かないといけない。しかし、外に出て行くと、自分が努力しない限り何事も起こらない。家の中にいる限りは、親が何でもしてくれる。そういう状態に置かれた人が、やがて大きくなってからも、自力では好意と愛を得ることはできないと考えてしまうということです。

不安を解消するために

では、不安はどのようにすれば解消、あるいは除去できるのでしょうか。アドラーの場合は、「対人関係」の中で考えていくことが基本となります。

人間の不安は、個人を共同体に結びつける連帯によってのみ取り除かれうる。自分が他者に属していることを意識している人だけが、不安なしに人生を生きるだろう。

非常に具体的な提言です。「自分が他者に属していることを意識している」というのは、自分が一人ではなく他者と結びついて生きていることを知るということです。アドラー心理学では、何らかの共同体への所属感が人間の基本的欲求であるとしています。

人は一人で生きていけません。例えばそれがネット上の共同体だったとしても、ここに自分の居場所があると感じられることは、人間にとっての基本的な欲求であると、現代のアドラー心理学では考えています。自分が「孤立」していても「孤独」ではなく、他者と結びついている、他者と連帯の中にあることを知った人が、不安なしに生きていくことができるのです。

もう少し説明すると、「甘やかされた子どもは母親と連帯しているではないか」とも考えられますが、それは本当の結びつきではありません。人を自分に仕えさせることで得られるような連帯は真の連帯ではない。もちろん、それは親子関係だけではなく、誰かが誰かを支配し、支配されているという関係は、いかに親密なものであっても、それは本当の結びつきということはできません。

他者との関係は摩擦を生みます。他者を仲間だと思えず、人と関わることを恐れる人は、不安だからといってますます他者と関わろうとしません。しかし、その不安という感情はそうすることができない原因ではありません。つまり、不安だから他者と関わろうとしないのではなく、他者と関わらないために不安を自らが作り出しているのです。多くの生きる喜びは他者との関係の中でしか得られないことを本当にわかっていれば、他者との関係の中に入らないために必要だった不安は、必要ではなくなっていくのです。

　他者が仲間だと思えなければ、他者との対人関係の中に入っていけません。不安になりやすい人は、他人からすごくいやなことをいわれたからとか、傷つけられたから他の人を敵だと思うわけではなくて、もともと人との関係の中に入っていこうとしない、そういう決断をした段階で、まわりの人を敵とみなしています。

　他の人は「仲間」ではなく「敵である」と考えている人がいるとすれば、そのような人が、他の人の言動の中に自分に対する敵意を見て取ることはそんなに難しいことではありません。すれ違った人がふいに目を逸らした時に、「あ、この人は私を避けている」と一方的に思ってしまうわけです。他者は必要があれば自分を援助しようとしてくれる仲間だと思える人であれば、たとえすれ違った人が目を逸らしたとしても、それを敵意の表現だとは考えないはずです。

アドラーは、「不安は連帯によって取り除かれうる」とわりとさらりと書いていますが、本当にそうなるためには、他者についての考えを一八〇度変える、コペルニクス的転回が必要になるのです。

Break 引きこもった子の不安は取り除けますか？

（ＮＨＫ文化センター「性格の心理学講座」質疑応答より）

――「不安は連帯によって取り除かれうる」とのことですが、部屋に引きこもった子どもの不安を取り除くためにはどうしたらいいのでしょうか。家族ともつながりが持てない場合どのようにしてそれを改善するか、そして連帯することができるのか教えてください。

岸見　アドラーは、引きこもってしまった子どもには、自分たちはあなたの味方、仲間であるということを、何とかして伝えなければならないといいます。

私も、「子どもが部屋に引きこもってしまって、食事を用意してもいっこうに食べようとしない、手も付けない。だったら、もう食事を用意することもやめたほうがいいのでしょうか？」とたずねられたことがあります。私はそれに対して、「自分はここにいるにもかかわらず食事も出してもらえない事実に直面した時、はたしてそういうことをする親が自分の仲間だと思えるだろうか」という話をしました。食べるか食べないかは子どもに任せるしかありませんが、「とにかく食事は部屋の前にお盆に載せて出してください」といいました。

子どもは、最初は自分で考えて部屋にこもったはずですが、自分からはなかなかやめるといえない。子どもは助けを求めているのです。ですから、絶対に追い詰めてはいけない。

親のほうも、もしも子どもとの関わり方に問題があることに思い当たったら、子どもに謝るしかありません。「今日からは態度を変えたい」と宣言をし、さらに「必要なことがあればあなたの仲間になる」と宣言する。

親が自分と連帯しようとしているとわかれば、子どもたちは、時間はかかっても必ず人生を変えていけるだろうと考えています。

――仲間であるとわかってもらえるまで、そういう関わりを持ち続けるということですね。

岸見　そうです。親はかなり勇気がいります。まず、世間的な価値観から距離を置く必要があります。世間的な価値観は「成功者」として生きることです。子どもに成功してほしいと思わない親はいません。でも、それはもう置いておこうと。とにもかくにも、今日、無事に一日、子どもが生きてくれたことを喜びと思って生きていこうと親が思うことです。

赤ん坊の頃のことを思い出せばわかりますね。子どもがとにかく息をしていたらありがたいと思いませんでしたか？　今私は、二人の孫と一緒に暮らしているのですが、本当に、ただ生きていることがありがたいです。そういう原点に戻りましょう。

私たちが生きている限り、あなたを必要があれば守るから、ゆっくりと、急がなくていいから、自分の人生を生きる方向に向かって歩き始めてほしいと伝える。これまであなたを傷つけたことがあったとしたら、それは許してほしいと。子どもが許してくれるかどうかわかりませんが、そう言い続けるしかないと、私は思っています。

3　臆病な性格

課題から逃れるために臆病になる

防衛的な性格の特徴の三つ目は、「臆病」な性格について分析します。

目の前にある課題を特別に困難であると感じ、それを克服するのに必要な力があると信じない人は、臆病という性格特徴を示す。この性格特徴は、通常ゆっくりと前進するという形で現れるが、そこでは、人とその人の前にある人生の課題との間の距離は、あまり速やかには縮まらず、その上、時には一定のままに留まることもある。これは、何らかの人生の課題に近づいていたはずの人が、突然、まったく別のところに見出されるというケースである。

少しわかりにくいですね。「何らかの人生の課題に近づいていたはずの人が、突然、まったく別のところに見出される」というのは、ある課題に取り組んでいるはずの人が、それとは別の課題を前にして臆病になったといい、その臆病を克服しなければならない、そうでないと本来取り組もうとしている課題についても直面できないと言い訳をし、さらには、その当の課題を含めた人生の課題全般から距離を置いたり、課題を前にして足踏みをしたりすることをいっています。

　課題を解決するためにはもちろん努力しないといけませんが、目の前にある課題に取り組む努力をやめてしまって、それとは違う別の課題を持ち出して、「自分はとてもこんなことはできない」と思い込むことで、目の前の課題ばかりか、取り組むべき人生の課題全てを回避しようとする。目の前の課題の解決が困難であったとしても、その困難を克服する努力をすればいいだけなのに、課題全般が困難だと思いたい――。

「臆病」という言葉で思い出しましたが、高校生の時に水泳の授業がありました。当時私は泳げず、プールの真ん中まで行くと、背が低かったので立つことができませんでした。そのため、夏場に入って毎週の水泳の授業が近づくたびに、「私は水泳なんかできない」と臆病になりました。すると、それを理由にして、「水泳以外のことも自分は取り組む力などない」と思い込もうとしたのです。まさにそのことをアドラーは指摘していました。

例えば、自分が就くはずだった仕事にまったく向いていないことがわかるというようなことである。彼〔女〕はその仕事にあらゆる影の面を見出し、それに就くことが実際に不可能だと見えるまでに論理をねじ曲げる。そこで臆病の表現形式には、ゆっくりとした動きの他に、安全を求める措置、準備などがある。これらは同時に、課題をなしとげないことの責任を回避するという目的を持っている。

仕事の適性についてアドラーは続けて書いていますが、得手不得手がたしかにあると信じている人が多いです。仕事に就かないでおこう、今自分がしている仕事が自分に向いていないということを、自分に、そして他者に納得させるために、仕事の「影の面」、つまり、その仕事の不利な点を見出す。そこに焦点を当てて、「この仕事にはこういう問題があるから、自分には向いていない」といってみたり、それを適性の問題にすり替えたりすることで、「自分はこの仕事に就くことはできない」といってしまう。実際には「仕事に就きたくない」という決心が先にあるので、仕事に就きたくない理由はすべて後付けです。

自分はできないという思いこみが、いわば生涯にわたっての免罪符になるのです。やってみないとわからないにもかかわらず、「自分は努力しても無理だ」と、取り組む前からそういう理由を持ち出す人が「臆病」な人の特徴だというわけです。

臆病な人も、「ゆっくりとした動き」、つまり「ためらいの態度」を取ります。その態度のほかに、「安全を求める措置、準備などがある」と書いていますが、これはどういうことでしょうか。文字通り「仕事で危険を避ける」という意味でもありますが、さらに「安全であるための最上の準備として仕事に取り組まない選択をする」ということです。臆病という感情を持ち出すことで、自分には向いていないと思い、仕事に取り組んでも思うような結果を出せないと考えたいのです。

どんな仕事も、最初は難しいのが当然です。失敗することもあります。しかし、絶対にできない仕事があるとは私は思いません。失敗もするかもしれないが、努力をすれば、少しずつ仕事に慣れ、できるようになっていくと考えたほうが現実的です。でも、「臆病」という性格特徴を持つ人は、課題から逃れ、それに取り組もうとしないことが多いのです。

「Yes, but」

「臆病」について、アドラーは別の本では、こんなことをいっています。

我々は犯罪者が臆病であることを知っている。我々がそのことを知っていることを彼〔女〕らが認識すれば、そのことは彼〔女〕らにとって大きなショックであろう。自分が警察より一枚上手である、と考えることは、彼〔女〕らの虚栄心を膨らます。そして、しばしば考える。「警察は私を決して捕まえることはないだろう」と。

（『人生の意味の心理学』）

「我々」というのは、アドラー心理学を学んでいる者という意味です。「虚栄心」の話は前章でしましたが、一言でいえば、自分を実際より大きく見せることです。

そういう犯罪者はしばしば次のように考える。「警察は決して私を捕まえることはないだろう」と。ですから、このような犯罪者を捕まえてどんな厳罰を科しても、更正し、再び犯罪に手を染めないということにはなりません。「たまたま今回は見つかってしまったけれど、次回はうまくやろう」と固く決心するだけです。しかし、そんな彼らは、実は勇気があるのではなく臆病なのだとアドラーはいっているのです。

アドラーが、「犯罪者が臆病である」といったことは、大きな意味を持っていると思います。犯罪者に厳罰を科すだけでは駄目なのです。厳罰を科すことでは、けっして更正しない。劣等感の裏返しでしかない優越コンプレックスが犯罪の根底にはあるので、劣等感を持たないような援助をしていくことが、犯罪者の更生に唯一つながると、アドラーは考えています。

犯罪者だけではありません。私たちは課題を前にした時——先ほどから何度もいっていますが——、何らかの理由をつけて逃げようとする。「Yes, but」です。臆病な人は、「はい、わかりました。でも」という言い方をする。あるいは、ＡだからＢはできない、という論理を日常生活の中で多用します。

劣等コンプレックスにとらわれず、課題から逃れる理由を持ち出さずに、課題に取り組めるよう援助することをアドラーは「勇気づけ」といい、課題に取り組める人のことを「勇気がある」といいます。その対義語が「臆病」なのです。

臆病と勇気は伝染する

今の世の中は、臆病な人が増えているように思います。アドラーは、勇気と臆病について、それらは「伝染する」ものだといっています。

伊坂幸太郎が『ＰＫ』という小説の中で、このアドラーの言葉を引用しています。小説の前半では、「臆病は伝染する」話が展開します。臆病な人が、できるものなら課題から逃げたいと思い、その人が持っている臆病が他の人に伝染していく話がずっと続いた後に、でも「伝染するのは臆病だけではなく、勇気も伝染する」ということが最後に語られる、そんな小説です。アドラーが「勇気と臆病は伝染する」と一文で述べていることを、伊坂は小説として見事にふくらませています。

そういう勇気と協力は、自分自身が勇気があり協力的な人からだけ学ぶことができる。

（*Adler Speaks*）

これもアドラーの言葉です。勇気と協力は、実際に勇気があり、協力的な人からだけ学ぶことができるといっています。いかに臆病から抜け出すか。何もかも一気にはできないかもしれないけれど、「ためらいの態度」をやめて、課題から逃げようとせず、課題に取り組む勇気を持てるようにならないといけません。

フランク・パヴロフの『茶色の朝』は、突然、「茶色のペット以外は飼ってはいけない」

という法律ができるところから話が始まります。少しずつ街が茶色に染まっていくことを怖いと思いつつも、主人公は何もしない。自分には関係がないだろうと他人事だと思っていたところ、ある日の朝……。

これくらいならいいだろう、と考えることをやめて変化を受け入れてしまうことの怖さを描いた話です。

「いやだと言うべきだったんだ。

でも、どうやって?」

燃えさかる火事を前にしても絶望してはいけません。こんなことをしても無駄だ、徒労だと何もしなければ、火はどんどん勢いを増すばかりです。自分が一人で何かをしたところで、この世はどうにもならないと思って諦めるとしたら、それは臆病です。そうではなく、燃え盛る火に少しでも水を注ぐ、ひたすら水をかける。その水が、いかに勢いが弱いものであっても、一人一人がそれをする勇気を持たないといけないということです。

本章では防衛型の性格について見ました。これらの性格を身につけるのは、人生の課題から逃れるためです。人と関われば摩擦が生じ傷つくかもしれません。仕事に取り組めば結果が出ますが、いつもよい結果が出るとは限りません。

そこで、課題から距離を置いてみたり、課題を前にためらい足踏みしたりします。足りないのは勇気です。課題から逃げない勇気を持つためには、不安になりやすい性格だから、あるいは臆病だから課題から逃げようとしているのではなく、課題から逃げるためにそのような性格を選んだのだということを理解しなければなりません。

第3章　快活・かたくな・気分屋

——その他の性格の表現形式

ライフスタイルと性格

本章では、アドラーが『性格の心理学』で「その他の性格」に分類しているいくつかの性格について分析します。アドラーは、この本では「性格」という言葉を使い、かつ、性格についてかなり細かい分類をしていますが、実は、他では「性格」という言葉をあまり使いません。それに代わってよく使うのは「ライフスタイル」という言葉です。

二つの言葉のどこが違うのかというと、「性格」は、その人の「ライフスタイル」が表に現れたものであると位置づけているところです。

では、「ライフスタイル」とは何か。アドラーはそれを「無自覚な人生目標」といっています。人が無意識のうちに設定している、生きていく上での目標、言い換えれば、あんなふうになりたい、こんなふうに生きたいと、その人が心の奥底で願っている生き方のことです。

無自覚、無意識と書きましたが、それは他人から指摘されないとわからないぐらいぼんやりしたもので、自分では認識していないことが普通です。カウンセリングで患者のライフスタイルを診断することがありますが、私が指摘して初めて「そうか、そういうことなんだ」と思い当たるぐらいの認識です。

そのような無自覚な人生の目標が「ライフスタイル」で、それが表に現れたものが「性格」であるというのがアドラーの定義です。

1　快活な性格

「快活」な人のライフスタイル

まずは「快活」な性格について解説します。快活とは、いわば明るい性格のことですが、そのどこに問題があるというのでしょうか。

快活という性格を持っている人のライフスタイルは、もちろん人によって違います。アドラーはその一例として、人とのつながりを大事にしたい人、要するに、他の人は決して自分を陥れようとする怖い人ではなくて、必要があれば自分を援助しようとする仲間であると考えている人をあげています。よりよい対人関係を築きたいという「ライフスタイル」を持っている人の外に現れた「快活」という性格について最初に見ていきます。

彼〔女〕ら（共同体感覚がある人）は快活な性質を持っており、いつも抑圧されて心配そうに歩くわけではなく、いつも他の人を自分自身の心配の担い手にするわけでなく、一緒にいる時に快活さを振りまき、人生を美しくし、生きるに値するものにする。

前の章で見た「控え目」な性格の人などの場合、その人のことが何となく気になり、心配になりますね。ひどくふさぎ込んでいる人がいたら、当然、まわりの人は心配するでしょう。それに対して、人との結びつきを願っている人、人とつながっていこうとする人は、そういう心配を他の人にさせません。

共同体感覚のある人は、他者を援助し、喜ばせようとする。そのことは彼〔女〕らの外観の全体、笑いからもわかる。

「笑い」という言葉が出てきました。アドラーは、西洋古典から近現代文学にも非常に通じている人ですが、ここでドストエフスキーに触れています。

深い洞察をするドストエフスキーは、手間のかかる心理学的な診察よりも、笑いによって人をずっとよく認識し理解できるといっている。

人間はいろいろな言葉を話しますが、言葉よりも行動や表情からのほうがその人を理解できるというのです。人は、いっていることと表情が相容れないことがあります。その時にどちらを優先するかというと、言葉ではなく、行動、態度、仕草――この場合だと「笑い」のほうが、その人のことをわかるというのです。

ドストエフスキーは長編小説『未成年』に次のように書いています。

「もし人間を見分けたい、人間の魂を知りたいと思ったら、その当人の沈黙している様子や、しゃべったり、泣いたりしている具合や、あるいはさらに進んで、高潔なる思想に胸を躍らせている状態に注意するよりも、むしろ笑っているところを見たほうがよい。笑い方がよかったら――それはつまり、よい人間なのである」（米川正夫訳）

「笑い方がよかったら、よい人間である」といっているのは、おもしろいと思います。

アドラーはまた、こんなこともいっています。

喜びは困難を克服するための正しい表現である。そして、笑いは喜びと手を取って人を解放し、いわば、この情動の要石となるものである。

喜びや笑いで、今、自分が陥っている困難を克服することができるということです。

私は、長年認知症を患っていた父の介護をしていました。家の庭に、冬になると椿《つばき》が咲きました。そこにヒヨドリが飛んできて、ホバリングをするのです。そして、椿の蜜を吸う。その蜜を吸っている様子に目を留めた父が、大声で笑いました。

ふだん、どちらかというとふさぎ込んでいますし、あまり話もしない父が、ヒヨドリが蜜を吸っている様子を見た時には大声で笑う。それを見ている私や家族は、同じように大きな声を出して笑うのですが、その時に、人と人が結びついていると感じられたものです。

そういう瞬間には、過去もなく未来もなく、今、ここに人は生きられるということ――。

これから父が病気をどんなふうに克服していくか、あるいは、できないかとか、どんなことが私たちを待ち受けているかということすら考えないで、一緒に喜びを感じている瞬間、人は幸福であるということです。そのように笑いに代表される喜びという感情を含んだ「快活さ」は、人と人を結びつけるとアドラーは考えています。

優越性の追求からくる快活さ

ところが、アドラーはそのような快活さだけではなく、他のライフスタイルについても多面的に考察し、快活さにひそむ別の性質を指摘しています。

> **笑いは人を結びつける意味を持っているが、例えば、他人の不幸を喜ぶ気持ちのように、敵対的で攻撃的な基調音も持っている。**

人と人がつながる働きをするはずの快活さが、「他人の不幸を喜ぶ気持ち」のように、人と人との結びつきを妨げる働きをするような場合もあるというのです。

さらに、他者の不幸を喜ぶ気持ちを感じることで、自分のほうがその人よりも優れていること——アドラーの言葉を使うと「優越性の追求」——を確認しようとするかのような喜びの表現もあるといいます。例えば、人を見下すような笑いです。

アドラーは、兵役が終わったある患者が、従軍中、途方もない損害や恐ろしい破滅についてのニュースを読むことがどれほど嬉しかったかと話したという事例をあげています。

戦争中の報道で、自国軍が敵国に攻め入って甚大な被害を与えた記事を読んで、本来それは人間として喜ぶべきことではないはずなのですが、嬉しいという感覚を持つ人がいてもおかしくはありません――そのような喜びの気持ちも他方であるということです。

また、次のような喜びの表現についてもアドラーは紹介しています。イタリア南部の港湾都市メッシーナで、一九〇八年十二月二十八日に大きな地震が起きました。メッシーナは壊滅状態になり、死者は七万五千人を超えたそうです。その地震のニュースを聞いた時に、ある患者が、はっきりと喜びの印を示して大きな声で笑ったというのです。

ただしこれは、先述したような、他人の不幸を喜ぶ気持ちではありませんでした。その患者を詳しく診察したところ、笑ったのは悲しみの中で自分が小さいと感じることがないようにするためであった。つまり、自分が悲しみに押し潰されないために喜びの表現を利用したことがわかったと書いています。喜びや快活さの背景に、様々なライフスタイルがあるということです。

今日的な話でいうと、日本の新型コロナウイルスの感染者数が概して他の国より少ないということに、どこか優越感を持っている人はいないでしょうか。もちろん、あからさまに喜ぶ人はいないでしょうが、心のどこかで優越感を感じてしまっているかもしれない。

このように、「快活」という一見明るい性格についても、アドラーはいろいろな問題点を指摘しています。

快活と反対のタイプの人

続いて、アドラーは「快活」とは反対のタイプの人を分析しています。

> **途方もない重荷を持って人生を歩もうと不断に努力する人がいる。どんなささいな困難も誇張され、将来に対しては悲観的な見方しか持たず、どんな喜べる機会にもカッサンドラの叫びしかあげない。**

このような人は、「世界を嘆きの谷と見なす」とアドラーはいいます。「嘆きの谷」とは、旧約聖書の『詩篇』の中に出てくる言葉ですが、そこではアドラーがあげているタイプの人とは違って、神によって勇気を見出し、心に広い道を見ている人は「嘆きの谷を通る時にも、そこを泉とするだろう」という文脈で使われています。

生きている限り、私たちは「嘆きの谷」、つまり「苦しみ」を避けては通れない。そもそも、私たちの人生が苦しいことは仏教でも教えています。苦しいけれども、勇気を持っている人はそれを泉とすることができるというのが『詩篇』の解釈です。生きている限り、苦しみを避けては通れないけれども、人によってそれをどう見るかは違うということです。

アドラーの引用に戻りますが、見方によっては苦しみを泉にすることもできるのに、快活と反対のタイプの人は、どんなに喜べる機会にも「カッサンドラの叫び」を上げる。カッサンドラはギリシア神話に登場する王女で、アポロンに愛されて予言の能力を授かりましたが、求愛を断ったためにその予言を誰も信じないようにされてしまいました。トロイアの滅亡を予言したが、誰もその予言に耳を傾けようとしなかった——。「カッサンドラの叫びしかあげない」というのは不吉なことしかいわないという意味です。

実際に不吉なことをいう人はそれほど多くはないでしょうが、皆が嬉しくて笑っている時に、一人浮かぬ顔をしているというような人はいますね。

彼〔女〕らはどこからどこまでも、自分に対してだけでなく他者に対しても悲観的であり、どこか身の回りで喜ばしいことが起こると不安になり、どんな対人関係にも人生

の影の面を持ち込む。彼〔女〕らはそれを言葉で行うだけでなく、行動や要求によって、仲間の喜ばしい人生と発展を妨げるのである。

幸福な人は幸福な人で、不安になる。幸福の最中でも「一体いつまでこの幸福が続くのだろうか」と思うことがありますよね。

私も孫が生まれて孫たちと一緒に過ごしている今が、本当に幸せだと感じています。ただ、一人になった時などに、自分は今六十四歳でこれから先そんなに長くは生きられないだろう、孫娘が結婚する時まではたして生きられるだろうか——というようなことを考える。そうすると、この幸福がいつまでも続くことはあり得ないなどと思ってしまう。このようなことが「人生の影の面を持ち込む」という意味ですが、そういう不安を感じる人はいるでしょう。

あるいは、他の人だけが幸福で、自分は少しも幸福ではないと考えてしまう人もいます。若い人の中では、友達が次々と結婚してしまうと、自分だけが幸福から取り残されるのではないかと不安になる人がいるかもしれません（ただし、結婚することが幸福かどうか自明でないことは、長らく結婚している人は思い至るかもしれませんが）。

また、対人関係においては、相手の態度が少しでも変わると自分は前のように愛されていないのではないかと思ってしまう。一度そうなると、相手の態度が実際には変わっていないのに、すべてが愛されていないことの証拠だと思って不安になり、以前のように無邪気ではいられなくなってしまう。それと同様のことが、人生全般について起こるわけです。

アドラーは、このような悲観的な人は、「(まなざしが)常に人生の影の面に向けられ、楽観主義者よりも、人生の困難を意識し容易に勇気を失う」といいます。しかし、ここで大事なことは、そういう人は、何か困難な目に遭ったから勇気を失うわけではないということです。例えば、天災、事故に遭ったから勇気を失うわけではないし、あるいは友人や恋人から裏切られる経験をしたから悲観主義になるのでもない。

これから起こることに不安になるのは――これは前章の「不安」のところでも書きましたが――、課題から逃れるためです。課題とは「人生の課題」です。人が避けて通ることができない人生の課題から逃れるために不安になり、悲観的になる。不安になった人は、少なくとも積極的に課題に取り組もうとはしないでしょう。結果はどうなるかわからないのに、始めから不安という感情を作り出すことで、課題から、少なくとも積極的に取り組まないという意味で逃れようとするのです。

　そして、このような人は他の人にも悲観的な言葉をいいます。「今は幸せそうにしているけれど、いつまでもそんな幸せが続くと思うなよ」などと、自分だけが不幸なのは気がすまないので、他の人も巻き込んでしまおうとすることが往々にしてあるのです。

Break　悲観的な母の悩みにどう向き合えばよいでしょうか？

（NHK文化センター「性格の心理学講座」質疑応答より）

――私の母は、まさに「快活と反対の人」に当たるタイプの人間です。離れて住んでいるのですが、その母が病気がちでパーキンソン病になったらしく、その悩みを、一方的に娘である私に語ってきます。そのような場合にどう対処したらいいのか教えてください。

岸見　お母様がどんな考えをお持ちであっても、「それは間違っている」とか「それは駄目だ」とか、「そういう考え方を改めてほしい」と求めることは残念ながらできません。それはあくまでもお母様の課題であり、子どもであってもどうすることもできません。

　また、「お母さんはそういうふうに思っているかもしれないけれど、私は、そうは思っていない」と否定してしまうと、「もうこの子は私の話を聞く耳を持たない」と、コミュニケーションが成立しなくなってしまいます。

ですから、賛成するか反対するかは脇に置いておいて、話を理解するように努めることが大事です。どういう意図があってこんな訴えをするのかということを、ただただ理解することだけに集中して、話をとにかく最後まで聞く。

今はまだ悩みを訴えてくれるからいいようなものの、訴えなくなったら、いよいよ悩みは深くなります。ですから、お母様の話を到底納得できないと思うかもしれませんし、「人間、そんな不運なことばかりではないし、いいことだってある」といいたくなるかもしれませんが、そういうことをいうのはいったん置いておいて、「お母さんがそう思っていることは、話を聞いてよくわかった」と、相手に理解を示すのが第一段階です。

さらに、次の段階に進むことができます。次の段階では、「お母さんの話はよくわかったけれども、私はそうは思わない」といってもいいのですが、その前提として、「お母さんの不安はよくわかるけれども、今、こうやって話ができることを私は嬉しく思っている。今日、こうしていることが私にとって喜びで、ありがたいと思っている」と伝えることです。

これから起こることは、本人もわからないし、家族だってわからない。それなら、これから必ず悪くなるという思いこみはやめようと。でも、少なくとも、今この瞬間にお母さんと一緒に過ごせる喜びを私は感じていると訴え続けることです。

——相手の反応や変化を期待するのではなく、自分の心の持ちようだということですね。

岸見　そうです。自分がお母様と同じ状況に置かれたら、まわりの人にいかに辛いかということを訴えたくなるかもしれません。私も、そういう状況に陥った時に冷静でいられる自信はありません。話をきちんと聞いてくれる家族がいることは、お母様にとって幸せなことです。その役割を自分が今担っていると思いたいし、その役割は決して苦しくて嫌なことではなく、他でもない私が担えることがよかったと思ってほしい。

他の人だったら、お母様の同じ話を聞いても、「そんなこと、心配することではない」と、一方的に否定してしまうかもしれないし、実際にお母様は、そういう対応をされていたかもしれません。

さらに次の段階に進むとしたら、自分の病気については自分で解決する力を持っていると信頼しているけれども、それはお母さんだけの課題ではなく、自分も力になりたいという意味で、共同の課題にする用意があると伝えることですね。

ただし、何が自分にできるか教えてほしいという問いかけを同時にする。「とにかく話を聞いてほしい」といわれたら話を聞くしかありません。「もっといい治療法があるなら、そういう医師を探してほしい」といわれたら探す。一方的に力になれると思い込んでこちらから動かないことが肝要です。

これは一般的な話ですが、人というのはどういう時に話をしようという気になるかというと、「この人は、決して自分の話を最後まで遮らない、最後まで聞いてくれる」という確信がある時だけ、話をします。しかも、その話に決して評価をしない、いいとか悪いとかすぐに判断しない人だと思えた時に、「この人に心を開いていいかな」と思うのです。

2　未熟な性格

いつまでも「生徒」の域を超えられない人

次の性格特徴は「未熟」です。まず、引用を読みましょう。

非常によく会うのは、発達のある点で止まったままであり、生徒の域を超えられないかのような印象を与える人である。彼〔女〕らは、家の中、生活、社交、仕事の場においていつも生徒のようであり、何かをいおうとして合図したい時のように待ち構え、いつも耳をそばだてている。彼〔女〕らは集まりで出される問いに、あたかも誰かを出し抜き、そのことについて何かを知っていることを示し、よい点を期待しているかのように性急に答えようといつも努力している。

中見出しでは「未熟」と訳しましたが、文字通りには、引用の中にある「生徒のような」とか「生徒じみた」いう意味です。教室の中であれば、先生の話を一生懸命聞き、先生からの質問に手をあげて答えることは、もちろん何の問題もありません。ところが、教室ではなく、人との関係の中で対話を楽しむのでもなく、あるいは、みんなが何かを議論する時も、その問題を解決しよう、一緒に考えようとする態度を示さず、ただ自分が知っていることを他の人に誇示するために、発言するチャンスを待ち構え、耳をそばだてているような人だとどうでしょうか。

人との話の中で建設的な役割を果たすのではなく、自分の知識を披瀝《ひれき》するために発言の機会を待ち構えている人というのは、困るというか、厄介《やっかい》な人ですね。そのような人の発言は、概して浮いているという印象が否めません。話はすでに進行しているのに、皆によく思われたい、「そんなことも知っているのか」と驚いてほしい、理路整然と話していることに感嘆してほしいと思っているので、人の話を聞かずに自分の話を一生懸命組み立てています。ですから、発言の機会を得て話をした時にはもうその話は過ぎてしまっていたり、的外れな話になってしまうことがよくあります。

そういう人は、他者への関心ではなく自分への関心が非常に強い人、自分が優れていることを他者に誇示したい人であり、アドラーの言葉でいえば、まるで「生徒のような人」「生徒じみた人」だというのです。

柔軟さの欠如

先の引用の続きを見てみましょう。

このような人の本質は、生活の一定の形においてだけ確かさを感じ、生徒のスタイル

を適用できない状況に入れば、もはや気分がよくないということである。このようなタイプの人も様々なレベルの違いを示す。あまり共感できない場合は、そのような人は、冷淡で、醒め、社交的ではない感じを与えるか、あるいは、すべてを知っているか、すべてを規則と形式に従って区分しようとする学識の深い人を演じたいと思うであろう。

　このような人は、発言だけではなく、存在そのものが集まりの中で浮いてしまいますし、世間知らずで「未熟だ」といわれてしまうでしょう。引用にあるように、学識が深い人のごとく、すべてのことを「規則と形式に従って区分しようと」したとしても、そういうことができない事態が起こったらたちまちパニックになります。

　そういう場合の対処法は、起こっている現象を例外だと見なし、例外が増えたら、規則と形式を変えればいいのですが、そうする柔軟さを持ち合わせてはいません。

　現代でもよくあることです。一度決めたことがうまくいくかどうかはわかりません。それがうまくいかなそうだと少しでもわかれば、やり方を変えればいいのです。ところが、一度、規則や方針を決めてしまうと、いつまでもそこに固執して、いよいよ深みにはまってしまうことがよくあります。

新型コロナウイルスに対する対応もそうでしょう。類例があれば、それをもとにして的確な方針を示すことができたかもしれませんが、今回は未知のウイルスですから、何が起こるか予測がつかない。そうであれば、対応の仕方を柔軟に変えていくしかないのに、そうしようとしない人が多く感じられます。このような人たちをアドラーは「生徒のような人」と呼んでいるのです。

3　かたくなな性格

規則と公式の中に人生を押し込もうとする人

中見出しでは「かたくな」としましたが、アドラーが先の「生徒のような人」との関連であげているのが「原理主義者」です。

原理主義者は、たしかにいつも何か未熟なところを持っているわけではないが、そのことを思い出させるようなタイプの人は、人生の現象を何らかの原理でとらえようと

> し、どんな状況においても、一つの原理に従って進み、その原理をいつでも正しいと思い、そこから逸れることはない。そして、人生においてすべてが慣れた正しい道を行くのでなければ不快になる。彼〔女〕らは、大抵は、些事《さじ》にこだわる人でもある。

「些事にこだわる」とは、アドラーの例でいえば、いつも歩道の端を歩くとか、慣れた道以外はほとんど歩こうとしないというものですが、要するに、規則、形式、原理がなければ前に進んでいけないという、生き方そのものを指しています。

　原理主義者は、前もって規則を知っていれば、あるいは予《あらかじ》め原理が決まっていれば、そこから逸脱しない限り安心して進んでいきます。しかし、そもそも逸脱のない人生などありえません。これから起こることが予見できるはずはないし、思いもかけないことが起こるのが人生です。むしろ、自分では、「きっとこうなるだろう」と思っていたことが起こらないことが、人生の喜びであるといってもいいと私は思います。すべて決まっていると安心かもしれませんが、それでは生きる甲斐すらないのではないでしょうか。

　次はアドラーの別の著書からの引用です。

社会制度が個人のためにあるのであって、個人が社会制度のためにあるのではない。個人の救済は、事実、共同体感覚を持つことにある。しかし、それはプロクルステスがしたように、人をいわば社会というベッドに無理やり寝かせるということを意味していない。

（『子どもの教育』）

プロクルステスは伝説上の盗賊の名前で、彼は、捕えてきた旅人を自分のベッドに寝かせます。もしも、旅人の身体がそのベッドより短ければ、足と頭を引っ張って無理に伸ばし、逆に長ければ、ベッドからはみ出た部分を切り落として殺しました。原理主義者はプロクルステスと同じことをしようとします。自分の規則や原理が絶対なので、現実が処理できない場合は現実のほうを例外と見なし、それを無理に原理に合わせようとしたり、あるいは切り捨ててしまうのです。

ここでアドラーは「共同体感覚」に言及していますが、この共同体感覚についても、「それはこういうものだ」と、決めつけて考えないほうがいいでしょう。アドラー心理学を長年学んでいる人の中には、「あの人は共同体感覚がある」という言い方をして他の人を評価する人がいます。そして、彼らが考えるところの共同体感覚を実践している人がいれば賞賛しますが、そうでなければ、「あの人は人との和を乱す」「共同体のことを考えていない」と、一方的に裁いたりします。

しかし、アドラーの共同体感覚が一体どういうことを示すのかは、一義的に決まっているわけではありません。共同体感覚について、あたかも固定したベッドのように決めつけて、そこに人を横たえ、「この人は足りません」「この人はちょっとやりすぎです」と判定しようとする人が多くなってきたように思います。

人を裁判にかける前に、自分のことを評価できる人にならないといけない。他人ではなく、まず、自分のことを考えてほしい。そして、自分の規則や原理にこだわらず、個々のケースで考えていかないといけません。

原理を疑う勇気、捨てる勇気

これは原理とか原則ということを知っている人がむしろ陥りやすい誤りです。私はアドラー心理学を学んできましたが、アドラーが絶対的に正しいとは思っていませんし、アドラーを批判したいと思う点もいくつかあります。

ところが、アドラーのいっていることが絶対だと思っているような人たちが、「原理主義者」になってしまうことがよくあるのです。

このようなタイプの人は皆、人生の広大な領域をあまり好まない。彼〔女〕らの性質は、その結果、しばしば途方もない時間の浪費をもたらし、自分もまわりの人も気まずくさせる。新しい状況に入らなければならない瞬間に失敗する。なぜなら、そのことに準備ができていないからであり、規則や魔法の言葉がなければ耐えられないと信じているからである。

それまで自分が正しいと思っていた原理が現実に当てはまらないとわかったら、その原理を捨てればいい。新しい方法のほうが、自分がこれから生きていくにあたって有用だとわかったら新しい方向に切り替えればいいのに、これまでのやり方に固執してしまう人が多いのです。それだと、結局は時間を無駄にしてしまうことになります。「人生の広大な領域」の中で迷ってしまいます。

この本で私たちが考察している「性格」もまた、「原理」のようなものです。「自分にはこの性格しかない」と思い込んでしまっている。他の性格を知らないので、自分がこれまでそれに従って生きてきた性格が、いかに不便なもの、不自由なものであるとわかっていても、他の性格に変わったら、次の瞬間、何が起こるかわからないと不安になる。だから、これまでのやり方に固執してしまう。そういう意味では、ここでアドラーが扱っている原理主義者の話は、決して特別な、特異な人のことをいっているわけではないと考えたほうがいいと思います。

このような人にとっては、春に移り行くことは困難をもたらす。もう長い間冬に慣れていたからである。暖かい気候になって外へ出て行くこと、それによって多くなる人との関係が彼〔女〕らを驚かせ、機嫌が悪くなる。春になると決まって不快になる。

長く続いた冬の後にようやく春が巡ってくると、身を縮めて家の中に籠もっていた人も外に出てみようと思うでしょう。ところが、原理主義者は、可能な限り変化を避けようとするので、春の訪れを決して喜ばしいことだとは思わないのです。例えば、新学期を迎えたり、会社に就職したりすると、初めての人と出会い新しい対人関係を築かなければならない。アドラーは「対人関係は悩みの源泉である」といっていますが、彼らにとってはますます煩《わずら》わしいことでしかありません。

でも、何度もいいますが、対人関係の中にしか幸福や生きる喜びを得ることはできません。新しい環境には、面倒な人、厄介な人もいるかもしれませんが、変化を恐れない勇気を持ってほしいと思います。

4　卑屈な性格

服従することが人生の法律

次に見るのは「卑屈」です。一言でいえば、自分を相手より下に置こうとする人が卑屈な人です。対人関係のあり方は、年齢、職業、小さな子どもであろうと高齢者であろうと、そんなことはまったく関係なしに、皆が対等だというのがアドラーの基本的な姿勢です。

ほめられたい子どもがいるとしたら、その子は卑屈だということです。「ほめてほしい」と求めることは、自分を家来や子分にしてほしいということなのです。

あるいは、誰かに質問をするような場合、質問しても納得できる答えが返ってこないことがある。そんな時は、さらに質問すればいいはずです。ところが、例えば、政治家に記者が質問した時、「問題ない」という返答で終わってしまうことがよくありますが、「問題ない」というだけではまったく説明になっていないのに、その言葉に納得してしまう記者は卑屈です。また、自己保身に走りいうべきことをいわないでいる、そういう政治家も同様に卑屈であるといっていいでしょう。

卑屈な人は自発性がありません。自分から何かを考えて動こうとしない。他の人に注意は向けているけれども、それはその人がいうことを熟考するためではなく、無条件に同意し、それを実行するためにそうしている。服従することを自分に課してしまうわけです。

さて、ここからアドラーは、女性の問題を取り上げます。

> 服従が人生の法律であるように見える人が途方もなく多くいるということに思い当たる。奉仕する人という職業があるというのではなく、女性のことを問題にしているのである。

女性の方、すみません、怒らないでください。アドラーがこの本を書いた一九二〇年代はそれが現実だったのです。次は別の本からの引用です。

一方で、男性的ということが、価値がある、力がある、勝利するという概念と同一視され、他方で、女性的ということが従順、奉仕、従属という概念と同一視される。この思考方式は、人間の思考に深く錨《いかり》を下ろしているので、我々の文化においては、優れたものはすべて男性的な特徴を持っており、他方、価値の劣ったものや忌避されるものはすべて女性的なものと考えられている。

（『人間知の心理学』）

アドラー自身がこれを正しいといっているとは思わないのですが、彼の著作を読んでいると、男性優位の考えを持っている印象を否むことはできません。男性のほうが上で、女性が下だということは必ずしも積極的に採用した考え方ではないにしても、時代の影響、社会の影響を受けていると感じないわけにはいきません。ここでは、男性、女性にとらわれないで、アドラーがいおうとしていることだけに注意を払ってください。

別の本では、「人間は対等なのだ」と主張しています。

一緒に仲良く暮らしたいのであれば、互いを対等の人格として扱わなければならない。

（『人はなぜ神経症になるのか』）

そんなことは当たり前だと思われるかもしれませんが、今でも、なかなかそういうふうには思えない人がいるのも事実です。

理想を語れ

次の引用はどうでしょうか。

男性と女性の共生は、男女のどちらも服従することがない仲間関係、労働共同体でなければならないのである。そのことが、たとえさしあたってはまだ理想であっても、少なくともいつも、人がどれほど文化的に進歩しているか、ないしは、それからどれだけ遠いか、そして誤りがどこで始まったかを知る基準となるだろう。

今はさすがに、男が上で女が下だなどと公然という人はいないと思いますが、でも、このアドラーの文章を読む時、「これは古い」「時代錯誤も甚だしい」と言い切れないところが残念です。

ここでは、一九二〇年代では「まだ理想」だったかもしれないことを、アドラーがきちんと語っていることを重視しましょう。哲学は、現状の追認では駄目で、現状だけをいくら論じても意味がありません。たとえ現実には理想が遠くにあって、かけ離れているものであっても、現実があるから理想が必要なのだと考えるべきだと思います。アドラーがここで主張している「理想」はまだ実現されていません。そのことを改めて確認し、まだ私たちはそういう時代に生きていると自覚するべきでしょう。

次の引用は、子どもについてです。

我々は子どもたちを友人として、対等な人として扱わなければならない。

（『子どもの教育』）

子どもを対等に見ていない大人は、まだまだ多いでしょう。「大人と子どもは違う」と平気でいう人がいます。子どもは叱ればいいし、場合によっては、おだてて、ほめて育てればいいという。「そういう時代であってはいけない」と、アドラーとともに、私は強く主張したいといつも思っています。

5　横柄な性格

横柄な人が求められることもある

続いて見ていくのは「横柄」な性格についてです。

先に述べた人（卑屈な人）とは反対のタイプは、横柄で、常に一番の役割を演じたいと思う人である。そのような人にとって人生は「どうすれば私はすべての人よりも優ることができるか」という永遠の問いでしかない。

「すべての人よりも優る」というのは、卑屈な人が「自分を相手より下に置こうとする」

のとは逆に、「すべての人の上に立つ」ということ、すべての人を支配しようとするという意味です。

自分を上に置こうとすること、これが「横柄」です。

国民が激動の中にある不安な時代にあっては、このような性格の人が現れるが、彼〔女〕らが上層に昇ってくるのはそもそも当然である。なぜなら、彼〔女〕らは、〔支配にふさわしい〕振る舞い、態度、憧れを、さらに大抵、必要な準備と思慮も持っているからである。

アドラーは、このような人は、指揮（リード）が必要とされるところでは、ほとんど自動的に持ち上げられるという言い方をしています。つまり、横柄であることは、あまりに敵対的な行動と活動性がなければ、ある程度まではその役割を受け入れられてしまうというのです。

『性格の心理学』は、一九二六年の出版です。イタリアのムッソリーニが、ファシズムの語源になったファシスト党を作って独裁政権の体制を確立したのが一九二二年で、アドラーは、『ニューヨーク・ワールド』誌の取材に答えています。雑誌の記事の見出しは、「ムッソリーニは子どもの頃の劣等感がもたらす悪感情によって、権力獲得への戦いへと拍車をかけられた」というものですが、一方で、アドラーは「劣等感が強ければ強いほど、優越感は暴力的である」といっていました。

「経済的な成功を成し遂げることに失敗」したムッソリーニは、幻滅と絶望を経て、強い劣等感に由来する暴力行為へと向かうかもしれないと、アドラーは予言していました。しかし、たとえ激動の中にある不安な時代だったとしても、横柄な人間が「上層に昇ってくるのはそもそも当然である」といってはいけないと、この引用を読んだ時に私は思いました。

先に見た、卑屈で服従する人がいる限り、横柄な支配者の行き過ぎには警戒しなければいけません。なぜなら、服従する人は、自分たちを支配する人に過剰な評価を与えるからです。だから、今日的な状況を見てもわかりますが、政権の支持率が少しも下がらないようなことが起こるのです。そういう評価を与える人がいるから気をつけないといけない。

アドラーの表現では、横柄な支配者は「深淵の前に立つ人」だといいます。要するに、彼らも誤ることがあり、そのために共同体を破滅させることがありうる。彼らとともに共同体が破滅してはかなわないといっています。

一番になりたがる人

また、横柄な人は、子どもの頃から家庭においても常に命令してきた人だとアドラーはいいます。子どもの頃にどんな遊びに興じていたか、どんな遊びを気に入っていたかで、その後、大人になってどんな人になるかをある程度予測できるというのです。

横柄な人は、子どもの頃、どんな遊びをしてきたか。「御者《ぎょしゃ》」——というのは、少し時代がかった言葉ですが、英語ではdriverで、人をリード、指揮する人。現代のアドラー心理学では、ライフスタイルの類型の一つとしてdriverという言葉を使いますが、その御者や将軍になれる遊びを気に入っていたはずだといっています。

ですから、横柄な人は、他の人から命令されると、途端に仕事ができなくなったり、興奮状態になったりする。要するに、一番になることだけが重要で、他の人よりも常に優位に立ちたいわけです。

そういう人たちにリーダーシップがあるかといえば、ないでしょう。彼らは、自分が一番になりたいと思っているだけなので、自分のことしか考えていない。つまり、共同体に貢献しようという意識がまったくない。とにかくプライドが強いので、自分が下した方針が誤っていても、決して後には引かないのです。

6　気分屋

狙いがあって気分を変える人

次は「気分屋」で、気分がコロコロと変わる人のことです。実際には、変わるというよりも、変えるというのが正確でしょう。

人生とその課題への態度があまりに気分に依存しているような人に関しても、心理学がそれを生得的な現象であると考えていれば間違っている。それらはすべて、あまりに野心のある、それゆえ、敏感な性質の人に属していて、人生に満足できない時には、様々な逃げ道を探しているのである。そのような人の敏感さは、前に突き出された触角のようなものであり、態度を決める前に、あらかじめそれを使って人間の生の状況を探るのである。

気分が変わる人はわりあい多いと思いますが、まわりの人は困りますね。不機嫌になられると、まわりの人は腫れ物に触るように接しなければなりません。もちろん、彼らはそれを狙って不機嫌になるのです。先にもいったように、気分がコロコロ変わるというよりは、コロコロ変えて、まわりの人をコントロールしようとする狙いがあると見たほうがいいでしょう。

前の章で「不安」について見ました。課題に近づく時、手を前に伸ばすけれども、時折、危険を見ないようにもう一方の手で目を覆う人。その人の「手」がまさに、「不安」という感情です。

不安だから、目を覆う。両目を大きく見開いて課題に向かっていく勇気はない。でも、片方の目は開いているので、課題を前に、完全に立ち止まることはない。そろりそろりと課題に向かって進んでいくわけです。

気分屋は、それよりはもう少し積極的です。「触角」とはおもしろい喩《たと》えだと思いますが、前に突き出された触角で状況を探る。課題に向かっていくかどうかを判断して、「今は、もう前に進むべきでない」と思った途端に、不機嫌になる（気分を変える）。気分屋とは、そういうことを瞬時にできる人です。前に行く用意はあるけれども、前に進めないと決めたらたちまち不機嫌になる。

気分屋は基本的には陽気

そのような人は、普段は、自分の中に絶えず子どもっぽい陽気な態度を現しているとアドラーはいいます。

> 絶えず陽気な気分で、それゆえ見せびらかしたり強調して、人生から明るい面を手に入れようとし、喜びと陽気さの中に人生の必要な基礎を創り出す努力をする人がいる。ここにもあらゆる可能なレベルの違いが見られる。自分の中に絶えず子どもっぽい陽気な態度を現し、子どもっぽい仕方の中にまさに何か心をうきうきさせるものを持ち、課題を回避はしないが、遊びのように立ち向かって解決しようとする人がいる。おそらく、美しさと共感的な態度においてこのような人に優るタイプはおそらくない。

直面する課題を回避はしないが、とりあえず、深刻にならずに、陽気に、遊びのように立ち向かって解決しようとする。でも、何か軽すぎるわけですね。

しかし、彼〔女〕らの中に、あまりに人生を陽気に理解しすぎ、真剣に受け止めなければならない状況も陽気に扱い、これに伴って、子どもっぽい性質を現す人もいる。この性質は人生の真剣さからかけ離れているので、そこからよい印象を受けない。いつも不確かな感じを受ける。困難なことをあまりに簡単に超えようとするからである。よくあるように、大抵は、この認識に従って困難な課題からは遠ざけられることになる。

どんな課題も、努力しなければ達成できません。それなのに本人は、「たいしたことではない、大丈夫」などというので、まわりは「不確かな感じを受ける」。真剣に課題に取り組んだにもかかわらず失敗したのであれば理解してもらえるかもしれませんが、気分屋は、真剣に課題に取り組んでいないと判断されてしまうのです。

それにもかかわらず、我々はこのタイプにいくつか共感的な言葉をいわずに別れを告

げることはできない。なぜなら、このタイプの人は、普通この社会で支配的な多くの不機嫌な人に対して、それでも快感を起こさせ、このタイプの人を、反対に、いつも悲しげで不機嫌であり自分が出会うどんな事柄についてもその暗い面だけを受け取る人よりも容易に受け入れることができるといわなければならないからである。

気分屋は、常に悲しげで不機嫌な人よりは受け入れられるであろうというのです。不機嫌な人が「この社会で支配的」というのはおもしろいですね。不機嫌な人がこの社会にいかに多いことかというわけです。

あまりに陽気であることから起こる問題を別にすれば、いつも不機嫌でいるわけではない気分屋は、全面的に駄目だとアドラーは断じていません。

7　不運だと思っている人

性格といっていいのかわかりませんが、アドラーは「自分は不運だ」と思っている人をあげています。

屈折した虚栄心の持ち主

> これは、あたかも不吉な神が自分だけにとりついているかのように行動したり、嵐の日に雷は自分だけを狙っているに違いないとしか思えず、まさに自分のところに泥棒が押し入ると恐れて悩むような人である。要は、このような人は、どんなものであれ、人生の困難に遭うと、いつもあたかも不幸が自分を選び出すかのような印象を持つのである。

つまり、悲劇の主人公であるかのように自分のことを見なすわけです。でも、その人自身は、そのことが必ずしも嫌ではない。失敗を自慢する傾向さえ見えるこのような人は、「虚栄心」に満たされているとアドラーはいいます。少し屈折した虚栄心です。本来、自分を大きく見せたいというのが虚栄心ですが、この場合、自分が不幸であること、あるいは不運な目に遭ったことで、自分が出来事の中心であると思いたいという意味で、虚栄心のある人なのです。

彼〔女〕らの気分はしばしば外面的な行為に表される。憂鬱《ゆううつ》そうに、いつも少し身をかがめて歩くが、どんなに途方もない重荷を担っているかを見過ごされないためであるかのようである。はからずも一生涯重い荷物を担わなければならないカリアティードを思い出させる。彼〔女〕らはすべてを過剰に深刻に受け止め、悲観的なまなざしで判断する。このような気分でいるので、何かに着手してもいつもすぐにどこかうまくいかないこと、自分自身の人生のみならず、他者の人生をも苦いものにする不運な人であることの説明がつく。そして、ここでも背後にあるのは、虚栄心に他ならない。

「カリアティード」とは、古代ギリシア建築で、柱の代わりに梁《はり》を支える女神像のことです。まるでカリアティードのように、非常に重い荷物を担って生きていると誇示する人がいるとアドラーはいいます。不運のせいで人生がうまくいかないといっている限り、このような人は、人生の課題に取り組むために必要な努力をしようとはしないでしょう。

一方で、反対に、自分は幸運だと思い込んでいる人がいます。何をやってもうまくいくと思っている人がいる。でも、そういう人たちは、自分が思っているような結果に終わらない経験をした途端に、勇気をくじかれてしまう。何をしても幸運に恵まれてきて自分はついていると、順風満帆で幸せな人生を生きていると思っていた人が、ある日、突然、大きな出来事に直面し、そのことで勇気をくじかれてうつ状態になってしまった事例を、アドラーはよくあげています。

このような人も、自分がいつも不運に見舞われていると思っている人同様に、「虚栄心」を持っていると見ているところが興味深い分析です。

他者に助けを求めていい

最後に私の知っている人の体験談を話して、この章を終わりにしましょう。

ある日、彼は町の中で野良犬に遭遇しました（保健所の指導があまりされていなかった頃の話です）。彼は母親から、町の中で放し飼いの犬や野良犬に出会っても、決して逃げてはいけないと教えられていました。そのため、いわれたとおりにじっと立ちすくんでいたところ、その犬に足をガブリと噛《か》まれてしまった――そんな思い出（私たちの専門用語で「早期回想」といいます）を語りました。

こういう何か不幸な経験を早期回想として語る人たちには特徴があり、他者を仲間と見ない、あるいは、この世界は非常に危険なところであると思っている人が多いです。ですから、そういう人たちにはカウンセリングを通じて、この世界はあなたが思っているほど怖いところではないし、他者もみんながみんな敵ではなく、あなたを援助しようとしてくれる仲間がいるという話をよくします。

犬に噛まれた彼にもそのような話をしていたところ、彼の早期回想が変わりました。噛まれた時点で終わっていたのが、その後のことを思い出したのです。

たしかに犬に噛まれたけれど、その後、見知らぬおじさんが、自分を自転車の荷台に乗せて病院まで連れて行ってくれたという話が彼の口から出てきました。そうなると、話の意味がまったく変わってきます。この世界は苦しみに満ちているという話から、自分を助けてくれる人がいるという話に変わったわけです。

先の「不運だと思っている人」のところの引用で、「(彼らは)憂鬱そうに、いつも少し身をかがめて歩く」という表現がありましたが、いつも身をかがめている人は、自分が重荷を背負っていることを人に見せたいと思っていて、その背景には劣等感を持っている。逆に、背筋を伸ばして真っ直ぐに立っている人は、実際よりも自分を強く見せたいのであり、優越コンプレックスがある。アドラーは、そのどちらであってもいけないと指摘しています。

必要以上に重荷を背負っているように見せなくていい、強がらなくていい、力を抜いていい。自分が無力であることを誇示したり、この世界は危険だと吹聴《ふいちょう》しなくていいし、他方で、誰の助けも借りなくても生きていけると思わなくていいといっているのです。

誰かの助けを待つのではなく、こちらから他者に助けを求めていいのではないでしょうか。自分にできないことがあれば、できないと他者に率直に訴えていい。もちろん、自分でできることまで人に任せることをアドラーは認めていませんが、他者に頼ってもいい。そんなふうに思って生きていくことで、もう少し楽な生き方ができるかもしれません。

第4章　怒り・悲しみ・羞恥心

――情動は性格の亢進である

性格の「亢進」としての情動

この章では、「情動」について見ていきます。例えば、怒りっぽい性格について分析するのではなく、怒りという情動（感情）について考えていくのですが、なぜアドラーは、『性格の心理学』という性格について論じた本の中で「情動」を考察しているのでしょうか。最初に、次のように書いています。

情動は、我々が性格特徴と名づけた現象が亢進《こうしん》したものである。

「亢進」とは気持ちや病勢が過剰に進むこと、つまり、性格的な特徴が高ぶった時に情動が現れるということです。裏返せば、ある情動をたびたび表す人にはある特定の性格的傾向があり、性格同様、その情動を作り出す何らかの「目的」があるということです。

アドラーは情動を次の二つに分類しています。ディスジャンクティブ・フィーリング（disjunctive feeling）とコンジャンクティブ・フィーリング（conjunctive feeling）。前者は「人と人とを分離させる情動」で「怒り」「悲しみ」「不安（恐れ）」を、後者は「人と人とを結びつける情動」で「喜び」「同情」「羞恥心《しゅうちしん》」を具体的にあげています。

まず「情動」全般について、アドラーがどのように説明しているか見てみましょう。

情動は精神器官の時間的に制限された運動形態で、意識的、あるいは、無意識的な強迫の圧力のもとで、突然の爆発のように現れる。そして性格特徴のように目標と方向を持っている。情動は決して謎めいた理解できない現象ではない。それは常に意味を持っているところ、人の生活方式、ガイドラインに対応するところに現れる。それはまた人間の状況を自分の都合によいものにするために変化をもたらすという目的を持っている。自分の意志を押し通す他の可能性を断念したか、より正確にいえば、そうするための他の可能性があることを信じていないか、あるいは、もはや信じない人だけが獲得することができる強化された動きである。

引用文にある「情動は決して謎めいた理解できない現象ではない」とはどういう意味でしょう。

怒りを例にすると、子どもをきつく叱ってしまった、あるいは、上司が部下をきつく叱ってしまった時、人はよく「つい、叱ってしまった」という言い方をしますね。もしもそのように自分の怒りを理解する人がいるとしたら、自分の怒りは謎です。なぜ、怒ってしまったかわからない。普段は、決して人に声を荒げるような人間ではないのに、ついカッとして叱ってしまった、一体どういうことなのか――。本当に自分でもわからないのであれば、その怒りの情動は謎めいた現象です。

しかしアドラーは、情動には、これまで見てきた性格と同様、対人関係上の目的があると考えます。どのような目的かというと、「人間の状況を自分の都合によいものにするために変化をもたらすという目的」だというのです。普通は原因論的に考えます。例えば、子どもが問題行動を起こしたのでそれに対して腹を立てたと、原因論の立場から考えがちですが、アドラーは目的論の立場に立つので、怒りの情動を何の目的のために使ったかと考えます。そしてそれは、状況を自分の都合のよいものにするために変化をもたらす目的だと考えるのです。

情動は自分の意志を通すために使われる

具体的には、相手に自分の考えを押しつけ、自分の考えを認めさせる（ために変化をもたらす）目的のために人は怒りを使う。悲しみも同じです。怒りとは、ついカッとしたけれど、なぜそんなふうに怒ってしまったかわからないというような謎めいたものではないということです。

> それゆえ、情動の一つの面は、ここでも劣等感、不足感である。それは、それを持っている人にあらゆる力を結集し常よりも大きな動きをすることを強いる。懸命の努力をすれば、自分自身が前面に置かれ、勝利を収めることになる。例えば、敵がいなければ怒りがないように、この情動は敵に対して勝利を収めることだけを目標として持っている。我々の文化においては、このような大きな動きによって自分を押し通すことは、好まれ、なお可能な方法である。このような方法で自分を押し通す可能性がなければ、怒りの爆発はずっと少ないだろう。

怒りや悲しみなどの情動には即効性があります。情動を向けられた相手は、怖い、あるいは、かわいそうと思って、やむをえずいいなりになってしまうということが起こります。ですから、怒りを例にしていえば、殴りかかるまではいかなくても、大きな声を出すなどの「大きな動き」によって、自分の意志を押し付け、押し通そうとするのですね。

「我々の文化においては、このような大きな動きによって自分を押し通すことは、好まれ、なお可能な方法である」とアドラーはいっています。現在でも状況はそれほど変わっていないのではないでしょうか。先ごろ『ほめるのをやめよう』（日経BP、二〇二〇年）というリーダーシップについて論じた本でも書きましたが、現状では「強い」リーダーが求められています。部下たちに、例えば大きな声を出すというようなことも含めて、強い力を発揮することがリーダーとして好まれる傾向は、今もわりあい多いように思うのです。しかし、アドラーはこういいます。「このような方法で自分を押し通す可能性がなければ、怒りの爆発はずっと少ないだろう」と。

つまり、怒りを爆発させる人がいても、受け手がそれにまったく動じないということが実際にあり、そういう経験を重ねれば、怒りを使って自分の意志を押し通すことは少なくならざるをえない。強いリーダーを待望し、そのリーダーの言いなりになってしまう状況では、怒りを使って自分を押し通す人は減らないだろうが、それが不可能であれは、人が怒りを爆発させることは少なくなるだろうということです。

私は、そもそも意志を押し通そうとすることが問題だと思います。意志を押し通すために向けられる情動が自分に向けられた時、多くの人は内心では反発し、やむをえず受け入れたとしても納得はしていないでしょう。ですから、実は、意志を押し通す以外の方法がないか考えておかなければいけません。そのことについては後で説明します。

情動を借りる人は劣等感を持っている人

次の引用です。

> **そこで、我々はしばしば、優越性の目標を達成することに自信がなく、安心できない人が、この目標を放棄せず、もっと力を入れ、情動の力を借りることで、この目的に近づこうとするのを見る。**

「優越性の目標」という言葉が出てきました。怒るのは自分の意志を押し通すためですが、そうすることにはさらに目的があって、意志を押し通すことで、自分が他者よりも上に立ち、他者を支配し、そして、自分が優れていると思われたいのです。これが「優越性の目標」です。

アドラーは、優越性の目標を持つこと自体を否定しているわけではありません。リーダーシップについて考える時も、リーダーが優秀であることは必要なことです。でも、リーダーが優秀であると思われるために情動を使う必要はありません。情動を使う以外の方法では優秀であると思われることができないと考える人、そういうやり方でしか優越性の目標を達成できない人は、いよいよ情動の力を使って目標を達成しようとするでしょう。

リーダーとして自分が優れていることを認めてもらうためには、情動の力を借りることなく、言葉で、論理的に説明すればいいわけです。それができないので、感情にまかせて相手に勝利しようとし、大きな声を出し、怒りの感情を相手にぶつける。そのような人は、他のやり方では優越性を達成できないという劣等感を持っているのです。ですから、怒りに駆られる人を見ても恐れおののく必要はありません。「ああ、この人は劣等感を持っているのだ」と思えば、冷静に対処できるのではないでしょうか。

1　怒りについて

自分の優位を保つための怒り——横柄な人の場合

では、アドラーが「人と人とを分離させる情動」に分類した具体的な感情について見ていきましょう。最初は「怒り」です。怒りについては情動全般について説明する際に例としてあげたので、やや重複するところがあります。アドラーの説明を読んでみましょう。

人の力の追求、支配欲をまさに象徴化する情動は怒りである。この表現形態は、怒る人が直面するあらゆる抵抗を迅速に力ずくで打ち負かすという目的をはっきりと示している。これまでの知識に基づいて、我々は怒る人の中に、力を振り絞って優越性を求め努力する人を見る。認められようとする努力は、時に、権力への陶酔感に変わるが、この種の人が、自分に力があるという感覚が少しでも侵害されると、怒りの爆発で応えることも容易に説明がつく。彼〔女〕らはこのような、おそらくは、既にしばしば試してきた方法で、もっとも容易に他者の支配者になることができ、自分の意志を貫徹できると感じている。これは決して程度の高い方法ではないが、大抵の場合、うまくいくのである。そして、多くの人は、困難な状況で怒りを爆発させることで、再び自分が認められたことを思い出すだろう。

「直面するあらゆる抵抗に迅速に力ずくで打ち負かす」が、先ほどの「自分の意志を押し通す」という意味です。ここでは、怒りをさらに「力の追求、支配欲を象徴化する情動」であるといっています。自分の意志を押し通すだけではなく、そうすることで他者を支配したい。他者を支配することで自分が優れているという確信を持ちたいのであり（これは優越性ですね）、さらに、そのことを他の人から認められなければならない人が、怒りという情動を使います。

このような人は、実は、自分が優れていると思っていないのです。自分が普通にしているだけでは、例えば、職場の部下から自分が無能であることが見抜かれてしまうのではないかと恐れを持っているような人が、部下を叱りつける、あるいは部下に怒りをぶつけることで、自分の優位を何とか保とうとするのです。

> **我々は、はっきりと、そして強く前面に現れる情動性、怒りが習慣的になっている人のことを考えているのである。そのことから、まさにシステムを作っている人、他の方法をまったく持っていないことで目を引く人がいる。そのような人は、横柄で非常に敏**

感であり、誰かが自分と並ぶことも、自分の上にいることにも我慢ができず、自分が優越しているという感覚を常に必要とし、それゆえ、またいつも誰かが自分に何らかの仕方であまりに近づきすぎないか、自分が十分高く評価されているかどうかを窺《うかが》っている。通常、それには極端な不信感が結びつき、誰をも信頼しない。

「横柄」という、第3章で分析した性格特徴が出てきました。つまり、横柄な人の特徴が亢進した時、怒りという情動が現れることがあるということですが、たしかに、横柄な人はどうすれば自分が他の人よりも優ることができるか、他人を支配すること、自分を上におこうとすることばかり考えています。一つ前の引用文のところに出てきましたが、「認められようとする努力は、時に、権力への陶酔感に変わる」のです。

　権力志向が強い人にとっては、人からどう思われるかが大切です。このような人が政治家だと困りますね。自分が認められ、自分の優越性を確信するために、強引に決定を下すかもしれませんし、その決定がたとえ間違っていても、それを撤回しようとはしないでしょう。自分が下した決断そのものの内容ではなく、力を持って自分の考えを押し通すところに自分の優越性を感じるのが横柄な人の特徴です。

一方、横柄な人は「極端な不信感」を持っています。ですから、上の立場に立っていても、常に戦々恐々としています。自分が他の人から落とされるかもしれない、自分の今いる地位を奪われるかもしれないということばかり考えているわけです。

このような人は、アドラーの言葉でいうと、他者よりも自分自身に関心がある人です。アドラーは、そういう人の自分に向けられた関心を、教育によって他者への関心に向け変えなければならないと考えています。もしも今、他者のことを考えないで、自分が優れているということを確信するためにリーダーになりたいと思っている人がいるとしたら、それは教育の失敗だといわざるをえません。何とかして、自分への関心を他者への関心に向け変えていくことがなされなければ、この危機的な不安な時代にふさわしいリーダーは誕生しないでしょう。

どんな力の追求も、無力感や劣等感に基づいている。自分の力の程度に安住している人は、このような攻撃的な動きや容赦のないやり方にまで達することはありえない。この関連は見落としてはならない。まさに怒りの爆発において、無力感から優越性への目標への高まりの全体がとりわけ明瞭に現れるのである。自尊感情を他者を犠牲にして高

めるのは安価な手管《てくだ》である。

「自分の力の程度に安住している人は、このような攻撃的な動きや容赦のないやり方にまで達することはありえない」。これは前章の「横柄な人」のところでも問題にしましたが、自分を上に置き、他人を支配しようとする（横柄な）人は、激動の中にある不安な時代などにおいては、自動的に持ち上げられることがあると、アドラーはいっています。「激動の中の不安な時代」と限定していますが、そういう時には上の地位に立とうとするリーダーが出てくるのは当然だし、そういうリーダーでも時代によっては必要だというのです。

でも私は、平穏な時代であっても、危機の中にある不安な時代であっても、力で支配しようとするリーダー、上に立とうとするリーダーは必要ではないと考えています。

自分がリーダーとして無能であると感じている（これが劣等感です）リーダーは、自分が無能であることを見透かされないように怒ったり誰とも相談しないで独断で決めたりします。きちんと言葉で説明すればいいのですし、部下と対等な関係を築いているリーダーであれば、部下から間違いを指摘されてもそれを受け入れることができます。大事なことは上司のプライドではなく、正しい判断をすることです。その職責は上に立たなくても果たすことができます。しつけには叱ることも必要だという人は、今日なお多いですが、アドラーも同じようなことを考えていたのかもしれません。

私憤と公憤

続いての引用を見ましょう。

> **怒りの爆発がかなり正当化される場合がある。このような場合については、ここで問題にしてはいない。**

これは謎めいた言葉ですね。やや説明を要すると思います。

これまで述べてきたような怒りとは違う種類の怒りがあるということですが、哲学者の三木清（一八九七～一九四五）が気分的な怒り（私憤）と、神すなわち正義の怒りや名誉心からの怒り（公憤）を区別しています。アドラーはおそらく、「公憤」のことをいおうとしているのだと思います。

正義感がベースにあるような怒りとは、例えば、人間の尊厳、人権、人間の価値が脅かされる時、あるいは脅かされる恐れがある時、人は怒らなくていいのかといえば、それは怒らなければいけません。パワハラやセクハラに遭った場合ももちろんそうです。人間の尊厳が侵害される恐れがある、あるいは実際に侵害された時に、怒りという感情は正当化され認められるとアドラーはいっていると私は理解しています。私憤ではなく、正義感が裏付けとしてある理性的な公憤です。感情にまかせて、部下を叱りつけるような類いの怒りは、いうまでもなく正当化されません。

三木は、公憤、つまり正義感や名誉心からくる怒りは、感情というよりは、個人の「人格に属する知性」だといっています。しかもその怒りは、自分の名誉のためにだけ怒るのではなく、同じ立場に置かれたすべての人のために怒りを感じなければならない、と。

もっとも、公憤は「爆発」させるようなものではないので、「怒りの爆発」という言葉は誤解を与えかねません。理性的にきちんと声を上げていく。その意味では「怒り」という言葉も適当ではないかもしれませんが、そのような怒りもあることを忘れてはいけないということです。

怒りには計画がある

再び、話を私憤のほうに戻します。

> 鏡を割り、高価なものを壊す。しかし、後になって、したことを覚えていないと真剣に言い訳をしようとしても、誰も信じない。まわりの人に当たろうとしている意図が余りに明白だからである。この情動の中にあっても、絶えず何か価値あるものを保持するだろうが、重要でないものはそうしないだろうからである。だから、このような事象には計画があると我々は見る。

「つい、カッとして」怒るという話を最初にしましたが、鏡を割り、高価なものを壊すほど怒りに駆られた人でも、本当に自分に必要なものは絶対に壊さないだろうとアドラーはいっています。つまり、本当は我を忘れてなどいないということです。高価なものであっても、自分にとってさしあたって必要でないと思ったとしたら壊すかもしれません。でも、自分が本当に大事なものは絶対に壊しません。

そのような判断ができるのですから、カッとしているといいながら、実は「計画がある」。我を忘れているわけではないし、あるいは、後になって「我を忘れて、つい、カッとした」と言い訳したいのでしょうが、明らかに、怒りには目的があるということです。

次の引用は、子どもにとって少し失礼な言い方ですが、現実には、むしろ大人により多く見られるかもしれません。

> **怒りの爆発は、大人よりは子どもにより多く見られる。子どもを怒らせるにはしばしば取るに足らぬことで十分である。子どもにおいては無力感が強いので、認められようと努力していることがはっきりと見られるからである。怒りっぽい子どもは認められることを求めて闘っている。**

どんな時にも、自分の意志を認めてもらうために怒りを用いなくていいと、子どもたちに教えなければいけません（もちろん、大人にも教えないといけないことですが）。

私は、保育園の帰りに、息子とよくスーパーに買い物に行きましたが、ある時、息子が、「あのおもちゃを買ってほしい」と泣き出したことがありました。そのような時、よく目にするのは、「もう、あなたなんか、捨てて帰りますから」といって脅かして、子どもにいうことを聞かせようとする親です。でも、子どもたちは自分の親が自分を見捨てることなど絶対ないと確信しているので、とことん闘い、結局、親に自分の欲しいおもちゃやお菓子を買わせることに成功します。

それではいけません。子どもたちに、怒りが通用しないことを教えなければいけません。逆にいえば、子どもたちも、自分の意志を伝えるために、怒りではない別の方法があることを知れば、怒って泣くことはしなくなるでしょう。

私の場合は、「そんなふうに怒らなくてもいいから、言葉で普通にお願いしてくれませんか」と息子にいいました。すると、息子はすぐに冷静になって、「あのお菓子を買ってくれたら、とっても嬉しいんだけど」といいました。

怒りでは自分の意志を押し通せないし、そういうことをしても、自分が優れていることを他者に示すことはできないとわかれば、人は怒りを使わなくなるでしょう。

Break 怒った私は劣等感を持っていたのでしょうか？

（NHK文化センター「性格の心理学講座」質疑応答より）

——私の仕事は大学職員です。普段はめったに怒らないのですが、今日、相談にきた学生に対してちょっと怒りを使ってしまいました。質問に来た学生に説明してもなかなか納得してもらえない状況の中で、「いい加減にしろ」と怒ってしまったのですが、それは、自分の意志を押し通すために他の可能性を断念した、あるいは、私には劣等感があったということなのでしょうか？

岸見　本来的には、そんなふうに感情的にならないで、きちんと説明するべきだと思っていたのですね。

　アドラーだったらこう説明します。もしもう少し手間暇をかけてきちんと説明したら、相手は事情が理解でき、取るべき行動がわかり、迅速に行動に移してくれただろう。しかし、その手続きを全部飛ばしてしまって、怒りという感情を使ってしまったのは、本来そういうことをしない人間だと自覚している自分としては、とても恥ずかしいことだ。そういう意味であなたは劣等感を持っている、と。

——やはり、劣等感があるから怒りを使ったということですか？

岸見　いえ、劣等感があるからではなく、怒りを使ってしまった自分に劣等感を持つということです。怒りで問題を解決しようとした自分に対して、本来あるべき普段の自分との差に劣等感を感じたのです。理性的に、きちんと手間暇をかけて説明するのが理想ですが、現実の自分はそうではなかった。理想と現実のギャップが劣等感として感じられたのです。

——「その瞬間に」ですか。「後で」ですか？

岸見　実は「その瞬間」なのですが、あなた自身はその瞬間には、たぶん気づいていなかったはずです。でも、この講義を聴いて、今日の出来事を思い浮かべた時に、「ああ、あれはこうするべきだった」ということに思い当たったのです。

——普段、私は穏やかに話ができるのですが、今日に限ってなぜだろうと思います。

岸見　それを学生のせいにしてはいけません。「他の学生は自分の説明を理解できるのに、この学生はなぜわからないんだ」と思った瞬間に怒りの感情が出たと思ったほうが、相手のせいにできるから都合がいいでしょう。

　でも、相手が説明を理解できないとしたら、くやしいでしょうけれど、それはただ自分の責任です。職場などでも、部下の成績が伸びない、失敗ばかりしているとしたら、認めたくないかもしれないけれど、自分の教育の仕方に改善の余地があると考えるべきです。

それを相手のせいにして、怒りの感情が起こった理由も、相手の無能さ、理解の足りなさに留めてしまうと、劣等感どころか、それが転じて優越感になってしまいます。

　考えていただきたいのですが、問題は怒りの感情では何も解決できないということです。その学生だって、本当は今後も援助が必要なのかもしれませんが、でも、これからはあなたを避けてしまうかもしれないでしょう、二度と説明は受けないと。

――たぶん、私のところにはもう来ないだろうと思います。

岸見　そうなってしまうと、まさしく「人と人との関係を分離する情動」として怒りを使ってしまったことになる。だから、まずできることは、その学生に謝るしかありません。

――実は、その場で謝りました。心から謝ったのですが、目を合わせてくれませんでした。

岸見　相手が目を逸らしたら、こちらは絶対に逸らしてはいけないですね。少なくとも、気持ち的には相手をきちんと見ないといけないと思います。

　しかし、いちばんの曲者《くせもの》は、あなたが「普段はそうではない」と思っていることです。多くの人がそう思いたいかもしれませんが、普段の自分などというものは、実はないのです。瞬間的についカッとした時の自分は、すなわちその瞬間の自分です。その時の自分しかない。あなた自身が、その学生さんとの対人関係の中で、自分が瞬時にどういう態度を取るかを決めたのですから。

――普段は穏やかにしているのに、自分の中にときどきポンと怒りが出てくるような、制御しきれない部分があるのかなと思ったのですが。

岸見　そのように思わないほうがいいでしょう。自分を制御できないと思ってしまったら、もうどうしようもありません。

私自身、普段は穏やかだといいたいところですが、でも、父の介護をしていた時に、本当に怒りに駆られたことがあります。心臓の拍動が高まって、たぶん血圧も上がっていたでしょう。それぐらい怒りに駆られたことが一度だけありました。幸か不幸か、なぜそうなったか覚えていません。何が原因かというのは問題にならないのです。ただ、父との関係において、冷静ではいられない自分がいたのです。私がどんなに辛いかということを、父に訴えたかった。その時、怒りという感情を使わないとそれを訴えられないと思った時に、父親に罵倒《ばとう》はしませんでしたが、強い怒りを感じました。

でも結局、そういうことをしてもいいことはありません。そうでしょう。相手の行動に改善を求めたいと思ったら、それを言葉できちんと伝えるしかない。父は、なぜこの子はこんなに怒っているのだろうとしか思わなかったでしょう。

——先生はその時、お父さんとの関係を遠ざけたいと思われたのですか？

岸見　思いました。だから実際、その次の日、父の顔を見たくないので、妻に「代わりに行ってくれ」と頼みました。

　私は、親の介護をするべき立場にあると思っていたから、私が介護を放棄したら一体誰がするのか、よほどのことがない限り父のところに行かない選択肢はないと思っていました。だから、大晦日《おおみそか》でもお正月でも、毎日通っていました。私は本当に疲れていたのです。それなら、「僕はすごく疲れているから、明日はこないよ」といえばいいだけでしょう。あるいは、私の妻や家族に、「悪いけど、僕は疲れているから明日代わってくれ」といえばいいだけでしょう。それなのに、私は本来、責任をおろそかにするような人間ではないと、よい人間だと思いたかったので、怒りという感情を使って、その言い訳として「つい、カッとして」といいたいわけです。そのほうが、自分がよい人間であると誇示できるわけでしょう、本当はそうではないですけれど。

——おっしゃるとおりで、耳が痛くなってきました。私もいい人でありたかったのです。

岸見　いい人であるのをやめましょう。怒りを感じた時には、正直にいったほうがいいです。

怒りに駆られた時、その情動はどうすることもできません。アドラーはそれを鎮《しず》めるためには共同体感覚に基づいた行動をしろというのですが、その瞬間はそんなことできません。でも、次善の策として何ができるかというと、「今あなたの態度にすごく腹が立った」と言葉でいう。これだったらできますね。それは最善ではないけれども、怒りをそのまま相手にぶつけてしまうよりはるかにましです。

次の段階として、後になってからでもいいですから、本当は相手に何をしてほしかったのかを冷静に考え、それを相手に言葉で伝えてみる。それができたら、やがて怒りの感情はいらなくなります。

つまり、怒りの感情そのものを押さえつけるとか、制御するというアプローチでは成功しません。怒りに代わるやり方をする。具体的には「何々してくれませんか」と言葉でお願いする。「そういうことはやめていただけませんか」「そういう物言いは、私はすごくいやです、やめていただけませんか」といえばいいでしょう。そういうトレーニングをしてみてください。

性格の問題ではなくて、行動の問題に置き換えてみたほうがいいですね。いい人でありたいとか思うのではなく、自分はその時々で自分の行動を選びうる存在であり、相手とよりよい関係にするために不断に努力していこうと考える。もちろん、時には選択を間違え、失敗することもあるでしょう。でも、本当はその時だって落ち込む必要はないのです。

2　悲しみについて

悲しみも爆発である

人と人とを分離する情動の二つめは「悲しみ」です。なぜ悲しみが人と人を分離するのか、すぐに理解できないという方がおられるかもしれません。

悲しみという情動は、何かが奪われたり失われた時、そのことを慰めることが容易でない時に生じる。悲しみも、よりよい状況を作り出すために、不快感、無力感を取り除

くというきざしを内に秘めている。悲しみは、この観点では、怒りの爆発と同じような価値を持つ。ただし、悲しみは、別のきっかけがあって生じ、別の態度と方法を持っている。

　しかし、ここでも〔怒りの場合と〕同じ優越性への線が見られる。怒りにおいては、動きは他者に対して向けられ、怒る人には速やかに高められたという感覚を、相手には敗北〔感〕をもたらすのに対し、悲しみにおいては、まず精神の範囲を狭めるが、悲しむ人は高められた感情と満足感を得ようと努めることで、必然的に、かつ短期に、同様にそれを拡張する。しかし、これは本来的には爆発に他ならない。即ち、たとえ違った仕方であっても、またもや、まわりの人に向けられた動きなのである。なぜなら、悲しんでいる人は、元来告発者であって、そのことでまわりの人と対立するからである。悲しみも、当然人間の本性として自然なものであるが、過度に誇張されると、まわりの人に対する何か敵対的なもの、有害なものを含んでいる。

悲しみは「精神の範囲を狭める」とアドラーはいっています。悲しみは、「まず」は他者に向けられるというより自分の内側に向けられる情動である。しかし、結局は、「本来的には爆発」だという言い方をしています。どういうことでしょうか。

悲しみは、何かが奪われたり失われたりした時に生じるものですが、それが怒りと同じく「優越性への線」が見られるとアドラーが指摘していることは注目に値します。他の情動と同じく、悲しみも他者との関係の中で起こります。悲しみの情動も、本来的に他者に向けられるということです。怒りも、悲しみも、必ず「相手役」がいるとアドラーはいいます。どちらも誰かに向けられているということです。

悲しみを誰かに何のために向けるのか、そのことと優越性がどう関係するのか。悲しみは人間の本性として自然なものであるとアドラーはいっていますが、一方で、悲しむ人は他者を非難する「告発者」だというのです。先を読んでみましょう。

> 悲しんでいる人にとって、高められたという感覚は、まわりの人の態度によって与えられる。悲しむ人が、誰かの奉仕や同情や支え、あるいは何かを与えられたり話しかけられることなどによって、しばしば楽になることは知られている。泣いたり嘆くという爆発によってまわりの人に対する攻撃を始め、告発者、裁判官、批判者となって、まわりの人よりも自分が高くなったと感じる。要求、懇願という特徴がはっきりと見られる。

「あなたが私をこれほどまでに悲しませた」と相手を非難したいのです。あるいは、「こんなに悲しいのだから、これ以上私を責めないでほしい」という意志表明でもある。

喧嘩をしている時、相手がまだ怒りをぶつけてくる間は、それに対してこちらも怒りをぶつけて相手と闘うことができます。でも、相手が突如として泣き崩れてしまうと、もはや相手を攻撃できなくなってしまうでしょう。泣くことは他者を非難することであり、「あなたはなんてひどい人。だから、私は今こんなに悲しい」と訴えかけようとしているのだと考えると、悲しみの本質がよく見えてきます。

相手に奉仕させる情動

もう一つのポイントは、そんなふうに非難されることは不当だと思っても、悲しむ人を放っておくことができず、奉仕しなければならないと相手に感じさせる点です。そうなれば、悲しむ人は、悲しみによって優越感を持てる。

当事者でないまわりの人にさえも、悲しむ人に対しては腫れ物に触るように接するしかない、そう接することを強いる状況を作って、悲しむ人は、その悲しみという情動で、他の人よりも優位に立とうとしているということです。

アドラーの別の著作からの引用ですが、「泣くという武器を使って他の人をほろりとさせることに成功する。水（涙）の力！」（『教育困難な子どもたち』）ともいっています。ドイツ語ではヴァッサークラフト（Wasser Kraft）、英語訳だとwater power、「水の力」の水とはもちろん涙です。日本語では、「泣く子と地頭には勝てぬ」という言い方がありますね。

悲しみは、他者にとって強制的で反駁《はんばく》できない議論、それに対して屈しなければならない議論のようである。したがって、この情動も、下から上に向かう線を示し、安定を失わず、無力で弱いという感覚を取り除くという目的を持っている。

議論の場合なら言葉で何とか反論できそうなものですが、悲しみをぶつけてこられると、もはや引き下がるしかないという状況に陥ります。

非常に屈折していますが、悲しみの情動によって、劣等感や無力感から脱して優越感を持てるようになるわけです。

共同体感覚を表現することは、大抵、情動を鎮めることができる。しかし、他者の共同体感覚を自分に向けることを大いに求めるので、例えば、悲しみの段階から出たくない人がいる。なぜなら、多くの人が友情や同情を示すので、自尊感情が並外れて高められることを体験するからである。

「共同体感覚を表現する」とはつまり、先ほど私の子どもに言葉でお願いしてほしいと伝えたという話を紹介しましたが、他者と協力し冷静にその問題の解決に向かうやり方ができれば、怒りの感情も悲しみの感情も鎮めることができるということです。

しかし、すぐに怒ったり悲しんだりする人は、そういうやり方を知りません。しかも、悲しんでいるとまわりの人が放っておきません。そんなふうに、他者の注意や関心を自分へ向けることに成功する。そういうことを学習してしまうと、いつまでも悲しみから脱却できなくなるということです。

悲しみが、なぜ人と人とを引き離す情動なのか。怒りを発散する人と相手との関係、あるいは心理的距離が遠くなるのはよくわかりますが、アドラーは、悲しみも人と人を引き離す情動であるといっています。

怒りと悲しみは、我々の同情を様々な程度で引き起こすけれども、人と人を引き離す情動である。人を結びつかせず、共同体感覚を傷つけることによって、対立を呼び起こすのである。悲しみは、無論、そのさらなる経過において、結びつきを呼び起こすが、しかし、両者が共同体感覚に関与するという正常な仕方ではなく、まわりの人をもっぱら与える役割に固定することになる。

人は他者と協力して生きていくしかありません。ですから、誰かが誰かの援助を求めることはもちろんあります。本当に必要な時は、誰かの援助を求めることは当然ありますし、そうしていいと思います。

しかし、悲しみによって他者に奉仕させる人は、一方的に自分に奉仕させ、自分からは与えません。これが「まわりの人をもっぱら与える役割に固定する」という意味です。まわりの人はそういう人を放っておけなくなるので、そういう意味では、人と人とが結びつくのですが、自分からはまわりの人に与えることはできない。ただ与えられるだけなので、そのような結びつきは決して正常なものだとはいえません。両者が互いに相手に貢献する、与えられるだけではなく、自分も与えるということによってのみ、真の結びつきが成立します。

アドラーは、神経症者は他の人にあまり関心を持たず、むしろ搾取《さくしゅ》の対象にするといっています。神経症者に限らず、このような人は多いでしょう。他方、他の人に関心を持っている人は、悲しんでいる人、苦しんでいる人を放っておくことはできないので、自然にそういう人たちの力になろうとします。ですから、自分からは与えることなく、いつも人の力になろうとする人からの援助を受けて当然だと思っている人は他の人を搾取の対象にしているのです。

そういう状態が長く続けば、やがて、最初は力になろうと思っていた人も離れていってしまう、そういう意味で、悲しみも「人と人とを引き離す情動」なのです。

3　不安について

不安は他人を支配する

次は「不安」について見ます。第2章でも不安になりやすい人について論じましたが、今回は情動としての不安です。

不安（恐れ）は、人間の生において重要な意味を持っている。この情動は、それが人と人を引き離す情動であるだけでなく、悲しみの場合のように、その結果、他者と独自に結びつくようにすることによって複雑になる。

「不安」は「悲しみ」に似ています。まず、不安という感情は人と人とを結びつけます。悲しんでいる人と同じく、不安そうな人を誰も放っておくことはできないでしょう。そういう意味で、不安を感じている人が不安を訴えることで、最初は人と人とが結びつくわけですが、最終的には、人と人とを引き離してしまうとアドラーは説明しています。

子どもは、不安になって状況から逃げるが、他の人のところへと走っていく。しかし、不安のメカニズムは、まわりの人への優越性を直接表現するのではなく、見たところ最初は、敗北の表現になる。ここでの態度は、小さく見せることである。ここからこの情動の人と結びつける面が始まるが、それは同時に優越性の要求を自らの内に秘めている。不安な人は、他の〔人の〕状況という避難所に逃れ、このような仕方で、再び危険に太刀打ちし、勝利を収めるために自分を強めようとする。

他の人を自分に奉仕させようとするのです。不安がる子どもを、人は放置できません。そこで、まわりの人と子どもとの間に、結びつきがいったん生じます。さらに、不安だから守られて当然だと特権を要求するでしょう。これは優越性の追求です。しかし、自分は守られるべきだ、それが当然なのだと特権を要求するようになると、次第にまわりの人は離れていく。そういう意味で、不安もまた、人と人とを引き離す情動であるということです。

アドラーは「不安」という情動の問題について、さらに次のように指摘しています。

誰かを自分の人生のために支えとして求める人が常に問題である。他者がただ不安な人を支えるためにだけいるかのようでも、実際には、そのことは、支配的関係を確立する試みに他ならない。

共同体感覚のある人は、不安な人を助けたいと思います。そうすると、不安を訴えて助けを求めた人との間に、結果的に「支配的関係」が確認されるというのです。もちろん、助けを求めた人が支配する側です。

先述したように、不安で仕方がないという子どもを、親は家に残して出かけることはできません。働いていた親が子どものために仕事を辞めることもあります。これが、子どもが不安を訴える目的です。そのようなやり方で、親子間に一種の支配関係が生じるわけですね。

不安がる子どもをどう援助するか

人間は非常に弱い存在です。特に自然界においては弱い存在なので、不安という情動は人間の根源的なところに由来するものです。しかも、人間の子どもはなおさらそうでしょう。最初から何もかもできるわけではなく、親の不断の援助が必要です。無意識に自分が非常に弱い存在だと思っています。子どもたちが不安に駆られるのは当然なのですが、成長の過程でそこから抜け出そうと努力をして失敗すると、次のようなことが起こります。

子どもは、その安全でない状態から抜け出そうと努力する時に、失敗し、悲観的な人生観を持つという危険が常にある。その際、まわりの人の援助や配慮を当てにする性格特徴が発達する。

自分は何をしても駄目だ、何をしても失敗すると、悲観的な人生観を持ってしまうことは問題です。そうならないように、まわりの人が適切な援助をしていかなければなりません。

具体的にどういう援助をするか。不安などのネガティブな感情を持っている、人生に前向きになれない消極的な子どもがいます。そんな子どもが、学校で試験を受けたけれどもいい成績を取れなかったとか、低い評価をされた通知表を持ち帰って非常に落ち込んでいる時に、親はたいがい慰めるでしょう。「辛いでしょう」とか「大変だったね」というような言葉をかけると思いますが、そういう慰めの言葉をかけ続けると、子どもが依存的になってしまうことがあります。自分の課題なのに自分では何もしないで、親に何とかしてもらおうと考えるようになるかもしれません。

どういう言葉をかければいいかというと、「何かできることはない？」という言い方をするしかありません。親が子どもに援助を申し出ると子どもが依存的になると心配する人もいるかもしれません。親が子どもが辛そうにしているのを見て何とかしなければならないと思って、子どもにたずねないで援助の手を差し伸べるようなことをすれば子どもは依存的になります。しかし、「何かできることはない？」と問うと、実際には親が恐れるようなことは起こりません。

ある中学生が帰宅後ひどく落ち込んでいました。親はそれを見て、きっと学校で友だちと何かトラブルがあったのだろうと思いました。そこで「何かできることはない？」とたずねたら、彼女は即答しました。「ほっといて」。翌日、晴れ晴れとした表情で帰ってきて、親にこういいました。「昨日は友だちと喧嘩して辛かったけど、今日は仲直りできてよかった」。

親は「自分は何もできなかったけれど、子どもが自力で問題を解決できたのを見てうれしかった」といいました。子どもが何か援助を申し出てきた時は、できる援助をしなければなりません。

落ち込んでいる子どもたちは、基本的には放っておいても問題ないと私は思いますが、「何かできることはない?」と声をかけることはできると思います。苦境に陥っている子どもを見て、親が何とか助けないといけないと思ってとにかく声をかけ続けると、その子どもが、自分の力では苦境を脱することができない弱い存在だと思い込んでしまうことがあります。そういう子どもたちは、やがて大人になってからも依存的になってしまうのです。

4 喜びについて

喜びは人を結びつける

ここからは、人と人とを結びつける情動です。

まず、「喜び」です。喜びについては、第3章の「快活な性格」のところで説明したことと重複する部分があると思います。

> 我々は、喜びの情動において、はっきりと〔他者との〕結びつきを見る。それは孤立を許さない。喜びの表現、つまり、他者を求めること、抱擁などにおいて、協力すること、分かち合うこと、共に楽しむという傾向が示される。その態度も人と人を結びつけるものであり、いわば手をさしのべること、他者へと向けられ他者をも同じように高める温かさである。結びつきへのあらゆる要素がこの情動の中にある。

「孤立を許さない」とは、少し変わった表現ですが、喜びの情動は、人を一人ではいられなくさせるわけです。

喜びに関して、アドラーは手放しで肯定しています。喜びの表現である笑いについては、「快活な性格」で説明しました。先を読んでみましょう。

> 喜びは困難を克服するための正しい表現である。そして、笑いは喜びと手を取って人を解放し、いわば、この情動の要石となるものである。それは自分の人格を超え、他者との共感を求める。

これは「快活な性格」のところでも引用した箇所です。喜びの情動の肯定的な面を強調しています。誰かが笑っていると、その瞬間に、その人と結びついているという感覚を持てることがありますね。私には孫が二人いて、下の孫は三か月ですが、最近よく笑うようになりました。ただただ笑っているその姿を見ているだけで、一体感が持てるのです。

笑いが喜びという情動の「要石」といっていますが、笑いで喜びを表現している人がいれば、悲しみや怒りとは違ってストレートにというか、複雑なメカニズムなしに、人と人とが結びついているという感覚を持つことができます。

例えばオリンピックの中継などを観た時、自国の選手が勝つと拍手喝采《かっさい》をします。アドラーの言葉通り、「喜びと手を取って」自分を解放できるわけです。その時、その場にいる人とも喜びを共有することができるのです。

喜びの誤用

ただし、この情動が誤用されることがあるとアドラーはいいます。

頻繁にある誤用は、とりわけ他者の不幸を喜ぶ気持ちである。これは不適切な場所に現れ、共同体感覚を否定し傷つける喜びである。それは既に人と人を離す情動であり、それによって、他者に対する優越性を求めるものである。

本当のスポーツファンならしないと思いますが、相手チームがミスをした時に喜ぶというような類いの喜びです。あるいは、自国のチームが勝った時は喜ぶけれども、自国のチームが負けた時にガッカリして、相手のチームを批判、非難するというようなことがあるとすれば、この喜びも、手放しで人と人とを結びつけるものであるとはいえないということです。

5　同情について

同情は共同体感覚の証

続いて「同情」について説明します。この情動についても、アドラーは最初にポジティブな面を強調しています。

同情は共同体感覚に対するもっとも純粋な表現である。それが人にあるのを見れば、一般にその人の共同体感覚について安心できる。なぜなら、この情動においては、人がどれほど仲間の状態に感情移入できるかが示されているからである。

ここでアドラーは「感情移入」という言葉を使っていますが、別のところでは「同一視」「共感」という言葉も使っています。「私がもしもこの人ならどう感じるだろう、どう行動するだろう」と感情移入して、相手の気持ちに共感することは非常に大事なことで、それが共同体感覚につながると説明しています。他の人が苦しんでいる、困っている時に同情できるということは、その人が共同体感覚を持っていることの証になります。この点について、同情という情動は人と人とを結びつけるといっているのだと思います。

うさん臭い同情

しかし、同情あるいは感情移入ができる人が、必ず共同体感覚があるかというと、それは自明ではありません。

> **この情動そのものよりも、それの誤用が広く見られる。それは、自分がとりわけ強い共同体感覚を持っている人であることを証明すること、したがって、誇張することにある。それは不幸に際して常に出しゃばる人であるが、何かをするわけではない。このような仕方で、安直に公の名誉を得るために、自分の名前が報じられることだけを願う。あるいは、本当に他者の不幸を喜んで飛び回り、そうすることをやめられない人である。このように熱心に善行をする人は、その活動によって、まず、第一に、貧しい人や哀れな人に優越しているという解放的な感覚を創り出すのである。**

ここでも「優越」という言葉を使っています。私には共同体感覚があると誇張する人、あるいは、自分は何もしないのですが、他の人が共同体感覚を持っているかどうかを見張る人、また、自分には共同体感覚があるということを他者に吹聴し、それを他者に認めてもらうために、アドラーの言葉を使えば「出しゃばる」人もいます。

そういう人たちは、本来の同情をしているわけではなく、不幸な人よりも自分が優位にあるという感覚を持ちたいだけであると、アドラーはいっています。同情という言葉には、いつもうさん臭さがつきまとうといわざるをえません。

> **悲劇を見る時に喜びを感じることが、誤ってこの現象に帰されることがある。あたかも人間は〔舞台上の登場人物よりも〕優れていると感じるかのようにいわれてきた。しかし、大抵の人にはこれは当てはまらないだろう。なぜなら、悲劇の中の出来事への我々の関心は、大抵、我々が自分を知ること、自分で学ぶことを願うことに由来するからである。これは劇にすぎないという思いは我々を去ることはなく、我々はそこから人生に対する準備が促進されることを期待するのである。**

悲劇に限りません。芝居を見ている時、あるいは映画でもいいのですが、自分はこの不幸な登場人物よりも優越していると感じたいがためにそれらを観る人がいるかというと、そんなに多くはないでしょう。むしろそこから、自分自身を知るために観る人のほうが多いのではないでしょうか。

若い人が共同体感覚を持つためにどうしたらいいか、そして、後にリーダーシップを発揮するために、大学生の間に何を学んでおけばいいかという質問を受けたことがあります。私は、共感能力を身につけることが大事であるという話をしました。人の気持ちがわからない人、共感できない人はリーダーにはなれません。

アドラーの文章では「悲劇を見る」という事例があがっていますが、悲劇だけではなく、若いうちから小説を読んだり映画を見ることによって、同情（ここでは「共感」といったほうがいいかもしれません）する感性を身につけることが大事だと私は考えています。それが、「人生に対する準備」になるわけです。

6　羞恥心について

他者がいるから恥ずかしい

最後は「羞恥心」です。

人と人を離すと共に結びつける情動は、羞恥心である。それもまた共同体感覚が作り

出したものであり、そのようなものとして、人間の精神生活からなくなることはない。人間の共同体はこの情動なしには不可能だろう。

羞恥心が「人と人とを結びつける」のは、この情動が他者を前提としているからです。もしも人が一人で生きているとしたら、恥ずかしいという気持ちは起きません。誰かから見られていると思うからこそ恥ずかしいという気持ちが起きるので、他者のことがまったく眼中にない人は、恥ずかしいと感じることはありません。

誰かに見られていると思って、ふと見上げたところ、人ではなくてマネキンや案山子《かかし》だったら——そんな経験は実際にあるかどうかわかりませんが、少し想像してください——ホッとするでしょう。なぜホッとするのかわかりますか？ 逆に、それが本当に人だったら、なぜ恥ずかしいのでしょうか。

それは、自分が「他者の他者」だからです。つまり、その人が自分のことを観察し、一体どういう人なのかと考えていたことに、気づいてしまうからです。自分も他の人を見たら、その人についていろいろと想像しますね。目が合ったその人が同じことを自分についてしていたと思うから恥ずかしいのです。普通にしていたら恥ずかしいと思わないかもしれませんが、見られたくないことをしていた時にそれを見られていたと知ると、羞恥心を持つのですね。

対人関係を避けるための羞恥心

ここからは「人と人とを離す羞恥心」についてです。

> **〔羞恥心の〕外的な態度は、まわりの人から離れることであり、むしろ、逃避の意志表示である不機嫌と結びついた退却の身振りである。顔を背けること、目を伏せることは、逃避の動きであり、この情動における人と人を引き離すものを我々にはっきりと示す。**

目と目が合うのは、人との結びつきを示す重要なサインです。ところが、羞恥心のある人は、人と目を合わせることができないのです。目を伏せずに、顔を上げ、相手の目をじっと見る——「じっと見る」というとなかなか大変ですが——、それができると、相手との関係が少し違う方向に展開するかもしれませんが、最初から対人関係の中に入ろうとしない、少なくとも対人関係を積極的に築こうとしない人は、目を伏せてしまいます。恥ずかしいという情動を起こすことで対人関係を避けようとするのです。

カウンセリングにこられた方が、言葉を発する前にどういう態度を取られるかで、その人がどんな人かおおよそわかります。例えば、カウンセラーの目をしっかりと見るかどうかというように、相手のまなざしに対する態度から、その人がどれほど人と結びつこうとしているか――アドラーの言い方をすると「共同体感覚の程度」――がわかります。

ここで再び誤用が始まる。目立って容易に赤くなる人がいる。そのような人は、普段も、仲間への関係の中で、結びつけるものよりも引き離すものをより鋭く強調するのである。赤くなるのは、社会から退くための手段である。

赤面症があるから異性と付き合えないという人は、本当は、赤面症が理由で付き合えないのではありません。赤面症は「社会から退くための手段」だとアドラーはいいます。ずいぶん冷たいことをいうと思われるかもしれませんが、赤面症の人を好ましいと思わないかというと、そうではないかもしれません。むしろ、初対面で、最初から理路整然と話ができる異性を好ましいと思わない人がいるかもしれない。顔を伏せて、目が合わずにモジモジして、恥ずかしそうにしている人のほうが好ましいと思う人がいるかもしれない。

「赤面症があるから異性とお付き合いできない」という人に対しては、顔が赤くなることが異性と付き合えない本当の理由ではないということを、時間をかけて教えていく必要があります。赤面症を治すのではなく、その人の対人関係のあり方について話をするのです。

自分の行動を振り返ることが必要

アドラーは、羞恥心は人と人との関係を退ける情動だと強調しますが、むしろ今の時代は、羞恥心がある人よりも、ない人のほうが問題です。羞恥心を持たずに傍若無人な振る舞いをする人、こんなことをして本当に恥ずかしくないのかと思わないわけにいかない人があまりにも多い。現代においては、そういう人たちのほうが、自分がどう見られているかということ、自分の行動を振り返ってみる必要があると思います。

プラトンの『ソクラテスの弁明』の中の一節を紹介します。

お金ができる限り多く手に入ることには気を遣い、そして、評判や名誉には気を遣っ

ても、知恵や真実には気を遣わず、魂をできるだけ優れたものにすることにも気を遣わず、心配もしていないで恥ずかしくはないのか。

ソクラテスが法廷の弁明演説の中でこのようにいっています。

私たちも、恥ずかしいということを、ただ個人的な対人関係の中の枠組みで考えるだけではなく、私憤と公憤とを区別したように、正義感を背景とした、あるいはそれを見据えた恥ずかしさというものを考えていかなければいけません。

たとえ上司に気に入られて昇進を果たしたとしても、自分のしたことは恥ずかしくないのか、他の人を踏み台にしてお金儲けをしてそれでいいのか、他の人の信頼を裏切ってでも自分さえよければいいのか、よく考えてほしいのです。

情動はどんな性格の人にも見られます。それは多くの場合、突然起こり謎めいた現象に見えますが、本章で見たように、その目的と、さらに劣等感によるものであることを知ってしまうと、怒りなどのネガティブな情動を使うことは少なくなるかまったくなくなります。そうなると、人生がずいぶんと違ったものになるでしょう。

第5章　第一子・第二子・末子・単独子

——きょうだい順位の傾向を探る

なぜ、きょうだい間で性格が違うのか

皆さんは、次のように思ったことはないでしょうか。同じ家庭で、同じ親から生まれ、ほぼ同じ家庭環境で育ったにもかかわらず、なぜ子どもたちの性格が違うのか――と。

この章で解説することは、『性格の心理学』に書かれていることではありません。しかし、アドラーは、人が自分の性格を「選ぶ」時に与える「影響因」の一つとして「きょうだい関係」（兄弟姉妹全部含めて、平仮名で「きょうだい」と書くのが心理学の一つのルールです）を取り上げ、その影響は親子関係などよりも大きいと、様々な著作で指摘しています。そこでこの章では、きょうだい順位によって、それぞれが性格形成にどのような影響を受けるのか、アドラーの文を引用しながら見ていきます。

誰か初対面の人と話をする中で、何人きょうだいで何番目かということを聞くと、わりあいその人がどういう性格であるかがわかります。この章で見ていくのは、その人が第一子なのか、中間子《ちゅうかんし》（上と下にきょうだいがいる子どもという意味です）なのか、末子《まっし》なのか、あるいは単独子（一人っ子）なのかによって性格が大きく違うということなのですが、先に注意しておかなければならないのは、この分類は「そういう傾向がある」という、あくまでも類似性であるということです。人は一人一人違います。まったく同じ人はいません。

> **なぜなら、あらゆる人間は、固有のライフスタイルを持っているからである。一本の木にまったく同じ葉を二枚見つけることができないように、まったく同じ人を二人見つけることはできない。**
>
> **（『個人心理学講義』）**

ここでは「ライフスタイル」という言葉を使っていますが、「性格」と同じと考えてください。

アドラーが創始した心理学を「個人心理学」といいます。彼が個人心理学という名称を選んだ理由はいくつかあります。一つは、分割できない全体としての人間を扱う心理学だということ。個人（individual）とは「分割できない」という意味です。

もう一つは、個人の独自性に関心があったからです。人は他の誰とも同じではないユニーク（unique）な存在だということ。個人の独自性を強調すると、「第一子はこういう人だ」と一般的な論じ方ができないですから、学問としては成り立ちにくいです。一般的な枠組みにはめられてしまったら、いや、私はそんな人間ではないと反発したい人もいるでしょう。個人心理学者は、「人間のタイプ」には関心がありません。タイプを分類するのは、個人の類似性についてよりよく理解するための手段であることを忘れないでください。こんなこともいっています。

同じ家族の子どもたちが同じ環境の中で育つと考えるのは、よくある間違いである。もちろん、同じ家庭のすべての人にとって共通するものはたくさんある。しかし、それぞれの子どもの精神的な状況は独自なものであり、他の子どもの状況とは違っている。きょうだい順位による違いがあるからである。

（『人はなぜ神経症になるのか』）

自分の子ども時代のことを思い出してみましょう。現に子どもと一緒に暮らしている方なら理解できると思います。同じ家で育っても、子どもたちは家庭で起こっていることを同じようには見ていない。親はそのことをきちんと理解していなければいけません。

しかも、自分自身がきょうだい順位のどの位置で育ってきたか、例えば第一子として育った親は、たとえ自分の子どもであっても中間子の位置にいる子どものことを正しく理解することは難しいかもしれません。同じ家庭にあっても子どもによって違いがあるということを、まず認識しておきましょう。

多くの人が「なぜ同じ家族の子どもなのに、こんなに違うのか」とたずねる。ある科学者たちは、それを遺伝子が違うことの結果として説明することを試みてきた。しかし、我々は、これが迷信にすぎないことを見てきた。子どもの成長を若い木の成長に比べてみよう。一群の木が一緒に育っていても、それの一つ一つは、実際には、非常に異なった状況の中にいる。もしも一つの木が、太陽と土により恵まれて早く育てば、その木の発達は、他のすべての木の成長に大きな影響をもたらす。それは、他の木に影を落とす。その根は伸びて、他の木の栄養を奪い取る。他の木は、成長を妨げられ大きくならない。同じことは、きょうだいの中の一人だけが優秀である家庭にも当てはまる。

（『人生の意味の心理学』）

同じ親から生まれて、ほぼ同じ家庭環境で育ったにもかかわらず、なぜきょうだい間で性格が違うのか。結局、それは本人が決心したからというのがアドラーの答えなのですが、この点についていては次章で詳しく解説するとして、ここの引用の解説をしましょう。

一度は決心した自分の性格ですが、その決心に影響を与えることがある。それがきょうだいの誕生です。例えば、第一子として、家族の中でただ一人の子どもとして生きてきたのに、突然、弟や妹が誕生します。そうすると、前のように自分一人が注目を得ることができません。弟や妹が生まれる前のような注目を、兄や姉は得られなくなる。その、注目を得られなくなった状況に対して、どういう態度決定をするかを第一子は考えなければならなくなります。そのことが性格形成に大きな影響を与えるのです。

また、引用の後半にあるように、きょうだいの中に「優秀」な子どもがいる時に、他のきょうだいは十分に親の注目を得ることができなくなる場合があります。あるいは、他の子どものほうが、とてもかなわないと思ってあきらめてしまうかもしれません。

建設的な解決をする子どもであれば、「お兄ちゃんはすごく勉強ができるから、私はスポーツで頑張ろう、芸術分野で秀でよう」というような決心をします。競争して勝てるかもしれないと思えば、競争を挑みます。姉や兄よりも優れようと思って、一生懸命勉強して、実際に勝つこともあるでしょう。

でも逆に、競争を挑んでも勝てないこともあります。親が「勉強はすごく大事だ」と常にいっている家庭で、親の価値観にかなう仕方で生きる、つまり、勉強で頑張っていい成績を収めることに成功した子どもは、いわば、勝ち組ですが、負け組になるかもしれない。負け組になった子どもたちが、問題行動を起こす決心をすることも大いにありえます。問題行動というのは、消極的な子どもであれば、例えば、学校に行かなくなったり、積極的な子どもであれば、非行に走ったりするというようなことです。いずれも、そういうことをすることで親を心配させ、親を諦めさせようとします。

このように、一人である時と、他のきょうだいが生まれてきた時では、明らかに自分が置かれる状況が変わってくるので、親の対応の変化を含めて、その変化にどう対応するかを考えていかないといけない。それに伴って、きょうだい間の性格がずいぶん変わっていくことになります。

1 第一子

第一子が必ず経験する出来事

さっそく、第一子について見ていきましょう。

> **第一子は、通常、大いに注目され甘やかされる。家族の中心にいることに慣れている。あまりにしばしば、まったく突然に準備もなしに、自分がいた地位から追い出されたことに気づく。他の子どもが生まれ、もはや一人ではないのである。今や親の注目をライバルと共有しなければならない。**
>
> （『人生の意味の心理学』）

第一子は、生まれてからしばらくの間は親を独占します。親の愛情、注目、関心を一身に浴びることができる。しかし、弟や妹が生まれると、彼や彼女が親を奪っていく。その時、親は第一子に対して「あなたのことを、これまでと同じように愛するからね」という言い方をします。

　これが嘘とはいいません。親は本気でそう思っています。しかし、第一子がどう受け止めるかといえば、親がいっていることは少しも本当ではない。なぜならば、物理的な時間の――子育ての経験のある方なら思い当たると思うのですが――、おそらく八〇パーセントぐらいは生まれたばかりの子どもに奪われてしまうからです（赤ん坊は不断の世話が必要ですからね）。親は、「この子、かわいいでしょう。あなたの弟よ」といいますが、兄や姉にすれば、産院から一緒に帰ってきた弟や妹が少しもかわいくないということは大いにありうることなのです。

> **第一子は、しばらくの間は、単独子と同じような印象を受け取る。〔しかし〕時期は異なっても、後には必ず王座から転落する。**（『生きる意味を求めて』）

「あなたのことを、これまでと同じように愛するからね」と、親にいくらいわれたとしても、実際には、手間も時間もほとんどが下の子どもに取られてしまうので、親の愛情を一身に受けて甘やかされて生きてきた第一子は、王座から転落します。「王座転落」（dethronement）の「スローン（throne）」とは「王冠」という意味です。第一子は、王座から追い立てられて転落してしまう経験をしないわけにはいかないのです。

もちろん、この王座からの転落は決して物理的な下降ではなく、いわば「心理的な下降」です。ですから、転落しない子どももいます。第一子だった子どもが皆、弟や妹に王座を奪われる経験をするわけではない。石は手から離れたら必ず落下しますが、「心理的な下降」においては「厳密な因果律は問題にならない」（『子どもの教育』）とアドラーはいいます。

「王座転落」の影響

では、王座から転落した第一子はどうするか。親の注目、関心を自分に奪い返さなければなりません。どんな手段が考えられるかというと、第一子はよい子になります。非常に聞き分けのいい、よい子になろうとする。「あなたはお姉さん〔お兄さん〕よ」といわれた子どもたちは、「そうだ、私はお姉さん〔お兄さん〕だから、頑張らないといけない」と思って、一生懸命、親に気に入られるような行動を取ります。

ところが、必ずしもうまくはいきません。親に「面倒を見てちょうだい」といわれた兄や姉は、弟や妹が大泣きすれば「余計なことをしたでしょう」と叱られてしまう。そうすると、こんなに一生懸命にしても親に認めてもらえないと思い、今度は一転して悪い子になろうと決心します。そうして問題行動を起こす。親がもっとも困ることを最も困るタイミングで仕掛けてくる。そうすると当然叱られますが、そのような仕方であっても親からの注目を得たいと思うので、問題行動をやめません。

一般的にいうと、第一子は、勤勉で努力家ですが、他方、力で問題を解決しようとするところもあります。弟や妹と比べて、圧倒的に力では優位にいます。自分のほうが力では優れているので力で問題を解決しようとし、それがうまくいった経験を重ねると、大人になってからも、他の人に対して同じようなことをするようになります。

第一子は、通常何らかの仕方で過去への関心を示す。過去を振り返り、過去について話すのが好きである。過去の崇拝者であり、未来について悲観的である。時には、自分の力、自分が支配する小さな王国を失った子どもは、他の人よりも力と権威の重要性を理解する。大きくなると、権力の行使に参加することが好きになり、支配と法律の重要性を誇張する。すべてのことは支配に従ってなされるべきであり、いかなる法も変えられるべきではない。力は常にそれを持つ資格があるものの手に保持されているべきである。我々は、子どもの時代におけるこれらの影響が保守主義に向かう強い傾向をもたらすことを理解できる。

(『人生の意味の心理学』)

第一子は保守的になる傾向が強いです。なぜ、保守的になるのか。第一子にとって現状が変わることでよかったことは何もないからです。以前は自分の方を向いていてくれていた親がそうではなくなった原体験をしたことで、現状が変わることを非常に恐れ、大人になってからは、ライバルの出現を恐れるようになります。

例えば、誰かのことを好きになったとしても（思春期には誰もがそういう経験をするわけですが）、今はすごく関係がいいのに、きっと自分の存在を脅かすような強力なライバルが現れるかもしれないと思ってしまう。それは、小さい時に同じような経験をしているからですが、誰かのことをすごく好きでよい関係を築いているにもかかわらず、二人の関係においてうまくいっていないところを見つけ出そうとしてしまうのです。

「ひょっとしたら、この人は私のことをそれほど愛していないのかもしれない」、それどころか「もうすでにライバルがいるのかもしれない」と思うと、相手の行動に自分を愛していない証拠を見つけようとします。そうすると、もういくらでも見つかってしまい、恋愛がうまくいかなくなる。

小さい時に経験したことを、大きくなってから相手を替えて同じことをする、ということがよく起こるのです。

王座転落をいつ経験するか

王座転落を何歳で経験するかによっても状況は変わります。アドラーは、「一年の間隔さえ王座転落の跡を生涯にわたってはっきりとしたものにするのに十分である」（『生きる意味を求めて』）として、三年以上間隔があけば競争関係にならないともいっていますが、私の経験では、三歳違っても競争関係から免れることはありません。

> その際、第一子にとって既に獲得された人生の空間と、第二子によってその空間が制限されることを考慮に入れなければならない。この状況をより仔細に知るためには、多くの要因を引き合いに出さなければならないことは明らかである。とりわけ、時間の間隔が長くなければ、出来事の全体は「言葉なしに」概念を交えずに行われるということも考えなければならない。そうなれば、後の体験によって矯正されることなく、ただ全体の連関についての個人心理学の知識によってしか矯正されないのである。
>
> （『生きる意味を求めて』）

王座転落を、まだ言葉が通じない頃に経験すると、子どもは、まずパニックになります。自分がなぜ、こんなふうに不安になっているのかわからないからです。ライバルの出現によって、親の愛情、関心などが奪われてしまったことの意味がわからない。ある程度言葉を理解する年頃であれば、親が説明することが可能ですが、それでも現実的には、不安を完全に取り除いてあげるのは難しいです。
私の孫娘が今三歳ですが、弟が生まれた時にパニックになりました。言葉の発達がわりと早かったので、親と子で話し合いを重ねました。言葉が通じれば、説明することはできます。しかし、孫娘のほうは「小さい子どもが怖い」というようなことをいう。「小さい子どもが怖い」という第一子の真意は、親のほうも理解できないかもしれません。でも、このように自分の感情をきちんと言葉で表現できるような年頃なら、今の気持ちを「怖い」と思わなくていいと、親は子どもに説明することもできるでしょう。子どもが自分の感情を客観視することができれば、不安や恐れから脱却することができるかもしれません。

甘やかされた第一子ほど憎しみを覚える

さて、第一子から第二子への感情が「憎しみ」として向けられることもあります。

時折見られる憎しみの感情、あるいは死の欲求は、我々にはよく知られている、共同体感覚の正しくない教育による人為的な産物であり、甘やかされた子どもにおいてだけ

見られ、しばしば第二子に向けられる。第二子に、しばしばこれに似た感情と不機嫌が、後から生まれる子どもたちに、とりわけ彼〔女〕らが甘やかされた場合に見られる。しかし、第一子はより強く甘やかされれば、その特別の立場のゆえに他の子どもたちより有利であり、概して王座転落を強く感じる。

（『生きる意味を求めて』）

後から生まれてきた子どもに「憎しみの感情、あるいは死の欲求」を覚えるというのは怖い言葉です。若い人が「あんな子、死んだらいいのに」ということがありますが、横で聞いているとゾクッとします。アドラーは、弟や妹が生まれる前に親に甘やかされて育ち、自分が家族の中心だと思っていたような第一子は、特に、後から生まれてきたきょうだいに対して憎しみの感情を覚えることがあると指摘しています。

しかし、これは普遍的なことではありません。「共同体感覚の正しくない教育による人為的な産物」とアドラーはいっています。ですから、「人と協力する」ことを正しく子どもに教えることができれば、そのような事態を避けられます。弟や妹は決してライバルではないと教えないといけません。兄や姉として、弟や妹を支えて協力して生きていかなければいけないときちんと教えることができ、それを子どもが理解できれば、そのようなことは起こりません。

親は第一子にどう接するべきか

先述したように、子どもに協力することを教えることができれば、大きな問題は起こりませんから、親の接し方が非常に重要です。

このような第一子の中に、他の人を守り、援助したいと思うようになる人を見ることがある。そのような人は、父親か母親を模倣する訓練をする。しばしば、下のきょうだいに対して、父親か母親の役目を果たす。きょうだいの世話をしたり教えたり、きょうだいの幸福に責任を感じる。他の人を保護したいと努めることは、誇張されると、他のきょうだいを依存させ続けたり、支配したいという欲求になることもあるが、これらは望ましいケースである。

(『人生の意味の心理学』)

このようにアドラーはいっていますが、悲観的な見方をすると、親が、協力することを子どもに教え、決して甘やかさずに育てたとしても、子どもが問題行動を起こすことは残念ながらあります。もちろん、アドラーがいうような適切な関わり方を、しないよりは、したほうがいいとは思います。ただ、兄や姉が、弟や妹を保護することを誇張してしまうと支配的になってしまうかもしれませんし、弟や妹にすれば、依存的になることもあるでしょう。アドラーは好意的に、「これらは望ましいケースである」といっているのだと思います。

通常、第一子は弟や妹の誕生に準備されていない。新しく生まれた子どもは、たしかに、注目、愛情、感謝を第一子から奪い取る。そこで母親を自分に取り戻そうとし、注目を得る方法を考え始め、母親の愛を求めて闘う。（前掲書）

これは先に見た通りで、実際に、母親の関心を自分のほうに向けようとすることはよくあります。母親にとっても第一子は初めての子どもですから、目一杯に愛します。アドラーはもちろん、親が子どもを愛するのはいけないといっているわけではありません。しかし、母親の役目とは何かを知っておく必要があります。

子どもにとって母親は、この世で最初に出会う「仲間」です。自分以外の人は、自分を陥れようとする怖い人ではなく、必要があれば自分を援助してくれる仲間だと思えることは、非常に大切なことです。そう思えればこそ、他者に協力しよう、力になろうと思えます。ですから、他者が決して敵ではないことを母親は子どもに教えないといけませんし、その前に母親自身が、子どもがこの世で最初に出会う仲間は自分であると自覚するべきだとアドラーはいうのです。

問題は、母親が「自分だけ」が子どもにとっての仲間だと教えてしまうことです。母親が子どもを独占してはいけない。自分以外の、父親はもちろん、他の人たちも皆が「仲間」であることを教えないといけない。そうでないと、子どもは協力することを学びません。親の責任は非常に重大なのです。

2 第二子

第二子は要領がいい?

次に第二子について見てみましょう。

第一子の次に生まれる弟や妹も、同じように、自分の地位を失うかもしれないが、おそらくは、第一子ほど強くは感じないだろう。彼〔女〕らは、既に、他の子どもと協力することを経験しており、一度も、自分だけが世話と注目の唯一の対象となったことはない。もちろん、彼〔女〕らが親に愛されていることを感じるようにさせていれば、もしも彼〔女〕らが自分の位置が確かなものであり、そして、とりわけ、もしも弟や妹の誕生に注意深く準備されており、弟、妹を世話することに協力する訓練がされていれば、危機は悪い影響なしに通り過ぎるだろう。

（『人生の意味の心理学』）

第二子は、最初から上に兄や姉がいるので、一度も親の愛や注目、関心を独占したことがありません。そこがまずスタートで、第一子との決定的な違いです。

第二子は、まったく違う順位、他の子どもたちと比べることができない状況の中にいる。生まれた時から、第二子は第一子と〔親の〕注目を共有する。それゆえ、第一子よりも協力に少し近いところにいる。まわりには人が多く、第一子が、第二子に対して闘い、押し戻しているのでなければ、非常にいい位置にいるのである。しかし、第二子のもっとも重要な事実は、子ども時代を通じて、ペースメーカーを持っているということである。いつも年齢と成長の点で、自分の前にいる子どもがいて、絶え間なく追いつくために努力するよう刺激されるのである。典型的な第二子は、すぐにわかる。競争しているかのように、誰かが一歩か二歩前にいて、追いつくためには急がなければならないかのようにふるまうのである。いつも全力を出す。絶え間なく兄に優り、征服しようと苦戦する。（前掲書）

「ペースメーカー」についてはマラソンランナーのことを考えてみればわかりますね。一番前を走るのは大変なので、風の抵抗を避けるために、ペースメーカーの後ろにピタッと付いて走るランナーがいますが、これが第二子です（ペースメーカーは、役割が終わるとレース途中でコースから逸れていきます）。きょうだいの場合も、兄や姉というペースメーカーが力を落としたと見えた途端に、第二子が一気に追い抜いてしまうことがあります。つまり、要領がいい。

私が第一子なので、つい「要領がいい」という言い方をしてしまいましたが、第二子は兄や姉の失敗を見ていますから、決して同じような失敗をしません。例えば、小学校に入学する時のことを考えてみればわかるのではないでしょうか。

学校は、第一子にとっては初めての経験なので、そこで何が起こるかわからない、想像もつかないという不安が当然あります。しかし第二子は、兄や姉の経験をつぶさに観察しているので、小学校で学ぶとはどういうものか、ある程度は想像できます。ですから、兄や姉がしてしまった失敗は、絶対にしません。要領の悪い兄や姉とは違って、非常に要領がいいのです。第二子にとって、ペースメーカーの存在は非常に重要なのです。

第二子は競争に慣れている

アドラーは、聖書からも興味深い例を引いています。

> 聖書にはすばらしい心理学的な洞察が含まれている。典型的な第二子は、ヤコブの物語に美しく描かれている。ヤコブは一番になってエサウの地位を奪い、エサウを打ち負かし優りたかった。第二子は、後ろをのろのろ歩いているという感覚にいらだたされ、他の人に追いつこうと一生懸命になる。しばしば成功するのである。第二子は、しばし

ば、第一子よりも才能があり成功する。ここで、我々は、遺伝がこのような成長に関係があることを示唆することはできない。もしもより速く先を行くとすれば、そうするよう一生懸命になったからである。大きくなって家庭から出ていっても、しばしば、ペースメーカーを利用する。第二子は、自分を自分よりも有利な位置にあって、自分をしのごうとしていると思う誰かと比べる。

（『人生の意味の心理学』）

エサウとヤコブは、旧約聖書『創世記』に登場する双子の兄弟で、弟のヤコブは兄のエサウになりすまして父親のイサクをだまし、相続権を手に入れました。

第一子にとって、優秀な第二子は脅威です。特に、優秀な妹がいる兄が危機感を募らせることがあります。その場合のほとんどは、兄の主観的な思い込みであることが多いのですが、妹のほうが自分よりも優れているのではないかと思った兄が、大きくなってから問題を起こすケースを時々見ました。きょうだい間の競争関係に加えて、男性が優位でなければならないという今も残っている社会の価値観にも関係があるでしょう。

私にも一歳下の妹がいます。子どもの頃は、彼女の学校の成績が非常に優秀で、しかも要領よく生きていることに対して、自分はそうなれないという思いとともに、強い劣等感を持っていたこともありました（大人になってから本人に聞くと、妹は私のほうが優秀だと思っていたというのですが）。

アドラーは、第一子と第二子それぞれが見る特有の夢というのがあるといいます。第一子は、落ちる夢です。どこかからガタンと足を踏み外したり、墜落したりする夢をよく見る。なぜ、そういう夢を見るのかというと、第一子は優越性を追求するけれども、自信がないからです。優れていようと努力をするのですが、勝てる確信を持てない。だから、時々落ちる夢を見る。それに対して第二子は、競争している夢をよく見ます。汽車を追いかける夢とか、自転車で競争をしている夢を見る。どんな夢を見るか話を聞いただけで、きょうだい順位のどこに位置するかがわかるくらい、内容が違います。

アドラーは、夢は現実のリハーサルであると考えています。つまり、昼間覚醒している時も夜寝ている時も、同じライフスタイル、同じ性格で生きているということです。問題解決の仕方は、起きている時も、寝ている時も、まったく同じです。言い換えれば、夢は人のライフスタイルや性格を非常にはっきりと表しているのです。

しかし、カウンセリングでは、夢の話を聞いて、その人のライフスタイルや性格を診断することもありますが、その夢の中に何が現れ、それが何を象徴し、どういう意味を持つかというような解釈はしません。アドラー心理学では、夢の中で、人生の課題についてどのような解決をしようとしているかに着目するのです。

第二子は闘いを好む

次の引用を読みましょう。

ここで我々は絶え間ない闘いを見る。これは事実として力があることではなく、力があると見えることを目指しているが、第二子は目標を達成して前にいる第一子よりも優るか、あるいは、闘いに敗れて、しばしば神経症へと行き着く退却が始まるまでは抑えることはできない。第二子の気分は、無産階級の嫉妬、即ち、冷遇されているという圧倒的な気分に比べられる。第二子の目標は、非常に高く設定されるので、一生の間、そのことに苦しみ、人生の真の事実を理念や虚構や無価値な見せかけのために見失った結果として、内的な調和が失われる。

(『人間知の心理学』)

第二子は第一子に勝たなければいけないと思っているので、それがかなわなければ、辛い人生を送ることもあります。先にもいいましたが、兄や姉が優秀だからといって、自分も兄や姉と同じような生き方をしなければならないわけではありません。兄や姉が得意でない分野で頑張ってみようという生き方を選べばいいのですが、きょうだいと同じ土俵で闘ってしまうというのも第二子の性分《しょうぶん》なのですね。

後の人生においては、第二子は他のきょうだいの厳格なリーダーシップに耐えたり、あるいは、「永遠の法」という考えを受け入れるということはめったにない。よきにつけあしきにつけ、打ち倒すことができない権力はないと信じる傾向がある。

（『人はなぜ神経症になるのか』）

これも第二子の特徴です。権威に服従はしません。「革命的な巧妙さ」とアドラーはいいますが、支配的な人や伝統に対して、現状を何とか打破しようとするのは第二子の特徴です。自分は親の権威の代表者、「権威と法の信奉者」と考えている第一子には、第二子は決して負けてはいけないと考えるのです。

中間子の場合

第二子の下に弟や妹が生まれなければ、その子は後に考察する「末子」ですが、弟や妹が生まれた場合は、兄や姉と、弟や妹の間に挟まれた「中間子」になります。中間子は間にギュッと押し潰される、スクウィーズ（squeeze）されることになります。

生まれた時には兄や姉がいるので、最初は、親の注目や関心を自分に向けられますが、下に弟や妹が生まれると、親の注目や関心を奪われてしまう。きょうだい順位の中で、一番注目されにくいのが中間子です。そういう意味で、現代のアドラー心理学者は中間子のことを、「間に挟まって搾り取られたり、押し潰されたりする子どもたち」と説明することがあります。

どのような特徴があるかというと、他のどのきょうだい順位の子どもよりも注目を得にくいので問題を起こすことがありますが、非常に自立した子どもにもなります。つまり、親をあてにしません。親が自分に何をしてくれるか期待していないので、さっさと自立する。きょうだいの中でもっとも早く家庭の外に出て行きやすいのが中間子です。たとえば都会の子であれば、親元を離れて地方の学校に入学したり就職したりすることがわりあい多いかもしれません。

親の立場からいえば、中間子には格別の注意を払う必要があります。私がカウンセリングしていた時は、「この子は親の注目を得られていないと思い込んでいるかもしれない」と思いながら、少し意識的に関心を向けるようにしていました。

3 末子

次は末子、末っ子についてです。

家族の永遠の赤ちゃん

末子を別として、すべての子どもには、後からやってくる子どもがいるので、王座から転落することがありうる。しかし、末子は、王座から転落することはできない。後からくるきょうだいがおらず、ペースメーカーがたくさんいるからである。末子は常に家族の赤ちゃんで、おそらくもっとも甘やかされる。甘やかされた子どもであれば誰もが持つ問題に直面するが、非常に刺激され、大いに競争するので、末子は、しばしば、並

外れてよく、他の子どもたちよりも速く成長し、すべての子どもに優る。末子の位置は、人間の歴史を通して変わらない。我々のもっとも古い伝説において、末子がいかに兄や姉よりも優っているかという話が見られる。

（『人生の意味の心理学』）

末子について、ここでは「家族の赤ちゃん」という言葉をアドラーは使っています。これは現代のアドラー心理学でも使う言葉です。

他のきょうだい順位の子どもが必ずいわれるのに、末子だけが決していわれない言葉がありますが、わかりますか？　それは、「今日からあなたはお兄さん〔お姉さん〕よ」です。いうまでもなく、下に弟や妹が誕生しないからです。

兄や姉がある年齢になってできたことを、末子がその年齢になってできなくても、親はそのことについてそれほど気にしません。ですから、「永遠の赤ちゃん」という言い方をするアドラー派のカウンセラーもいます。そういう意味では、末子は非常に依存的になることが多い。本来、自分でやり遂げなければいけないことも親に頼ってしまうということは大いにありえます。

ただ、それは決して短所だとは思いません。「何が与えられたかではなく、与えられたものをどう使うかが大事だ」とアドラーが強調するように、末子は赤ちゃんになるかもしれませんが、同時に、人に援助を求めることが得意です。それが本当に必要な援助であるかどうかは検討する必要がありますが、第一子の私からすれば、末子のその性格が非常にうらやましい。第一子は、何でも自分で解決しようとして、人にあまり相談しません。独断で物事を決めてしまう。人に相談するのは恥だと思ってしまうところがあるのです。

　私はかつて、精神科の医院に勤めていたことがあるのですが、その医院の院長が、私より年下で、きょうだい順位の末子でした。当時の医療事務ではすでにパソコンを使い始めていましたが、時々それがフリーズしました。つまり、画面が動かなくなってしまうわけですが、その時、第一子の私はどうするかというと、マニュアルを開きます。分厚いマニュアルを調べて、一生懸命、どこに問題があるのか、自分の操作法に至らないところがあるのかと事細かに調べる。するとそこに院長がきて、「一体、何をしているのですか？」という。「いや、パソコンが故障して画面が動かなくなったので、問題がどこなのか調べているのです」と答えると、院長は、すぐにそのプログラムの開発をした医師に電話をかけて、私からすれば非常に初歩的なことを質問したのです。

　もちろんこれは一つの例ですが、末子の典型ともいえます。そういうことができる人はある意味非常に生きやすいでしょう。すぐに人に援助を求められるというのは、末子の長所だと私は思っています。

別の経験をあげると、講演会などの最後に質問を募った時、最初に手をあげるのは末子であることが多いですね。末子は、こんな質問をしたら他の人にどう思われるかなどということをそれほど気にしません。そんなこと自分で考えたらいいのにと私などは思うことでも、堂々と質問します。

第一子の場合は、質問する前に考える人が多いようです。「こういう質問をして、あまりに初歩的な質問だったら、その講演者、あるいは聴いている人にバカにされるのではないだろうか」と、余計なことを考える。それで結局、質問できないうちに質問時間が終わってしまうことがあります。末子は愛されるべき人だというのが私の実感です。

ヨセフの場合

アドラーは、世界のおとぎ話などの中にも末子の優れた例を多く見出すことができるとしたうえで、ここでも旧約聖書の『創世記』の例をあげています。

ヨセフは、末子として育てられた。ベニヤミンは十七年後に生まれたが、彼はヨセフの成長には何の役割も果たさなかった。ヨセフのライフスタイルは、典型的な末子のライフスタイルである。彼は夢の中においてさえ、いつも優越性を主張する。他の人は、彼の前に跪《ひざまず》かなければならない。彼は他のすべての人を影の中に置く。きょうだいたちは、彼の夢を非常によく理解した。困難なことではなかった。というのも、ヨセフといたからであり、彼の態度は非常に明らかだったからである。彼らも、ヨセフが自分自身の中で喚起した感情を経験した。ヨセフを恐れ、抹殺したいと思った。しかし、ヨセフは、最後であることによって一番になった。後に、ヨセフは、家族全体の柱と支えになった。

（『人生の意味の心理学』）

弟のベニヤミンはヨセフが十七歳の時に生まれたので、ヨセフの子ども時代は実質的に末子と同じでした。末子のヨセフは、父親であるヤコブ（前出の双子の弟。イスラエル民族の祖）に偏愛されました。そのため、他のきょうだいの反感を買い、兄たちの陰謀によって旅の商人に売り飛ばされ、エジプトへ連れ去られました。その後ヨセフはエジプトの高官になり、そこで王様が見た夢の謎解きをします。それで大いに評価され、さらには大飢饉を予言し、宰相《さいしょう》にまでなりました。この飢饉の年に、エジプトのヨセフのもとに、食料の陳情にやって来た人たちがいました。その中に、かつてヨセフを売り飛ばした兄たちがいました。彼らは弟に気がつきませんでしたが、ヨセフは兄たちを許し、父とともに引き取りました――という話が創世記の中にあります。

引用文に出てくるヨセフの夢とは次のようなものです。ヨセフが畑の中で束を結わえていると、自分の束が起きて立ち、兄たちが結えた束がまわりに寄ってお辞儀をした――。また、太陽と月と十一の星が自分にお辞儀をした――。これはどちらも、兄たちがヨセフにひれ伏すという予言を意味していました。そしてその通り、最終的にはヨセフが一族を救う救世主になったという話です。

末子の短所

さて、ここまで末子の肯定的な面ばかりを見てきましたが、アドラーは、末子の短所についても指摘しています。

末子は、問題行動のある子どもの二番目に大きなグループを形成する（問題行動を起こす一番目は第一子)。このことの理由は、末子が家族全体に甘やかされる仕方にある。甘やかされた子どもは、決して自立できない。末子は、いつも野心があるが、すべての子どもたちの中で、もっとも野心のある子どもは、怠惰な子どもである。怠惰は、勇気くじきと結びついた野心の印である。この野心は非常に強いので、人はそれを実現する見込みはほとんどない。末子は、時には、何一つ野心があるとは認めないが、これはあらゆることにおいて優れていたいからである。末子がどれほど劣等コンプレックスを持つかということも明らかである。末子のまわりの人は皆、年上で、力があり、経験もあるからである。

(『人生の意味の心理学』)

上のきょうだいたちは、当然、自分より力も経験も優っています。そういう状況を悲観的に見る末子が、劣等感を持つことはありえるでしょう。

アドラーは「甘やかす」という言葉を度々使いますが、「甘やかす」ことの定義、あるいは具体例をはっきりとは書いていません。私の息子がまだ小学生の時に「甘やかすとは何か知っている?」と聞いたことがあります。その時、息子は次のように即答しました。

「頼まれもしないことをすること」

正解ですね。親が、子どもに頼まれていないことをする。子どもの課題なのに、親が子どもの課題を引き受けてしまうと、子どもは自分の人生に責任を持たないという意味で、自立できない子どもになってしまうのです。

Break 対応能力を広げるべきですか、それとも自力で生きるべきですか？

（ＮＨＫ文化センター「性格の心理学講座」質疑応答より）

――末子との対比として、第一子は、何でも自分で解決しようとして、人に協力を求めるのが苦手だという話がありました。では、そういう第一子の人たちは、そのことを自覚して、人に協力を求めることを意識することで対応能力を広げるべきなのか、逆に、そうやって人に頼らずに、自分の力で何とかしようとするところをプラスと見て、それを自己受容して自分で生きていこうとするのがいいのか、どちらがいいという話ではないと思うのですが、どのようにすればいいのでしょうか？

岸見　そうですね、おっしゃる通り、どちらがいいということではありません。結論を先にいえば、その両方を使い分けるべきではないでしょうか。

まず、どこまでが自分でできることか、どこからが自分の力ではできないのか、その見極めが必要です。第一子によくある問題は、自分ができないことも自分でできると思いこみ、あるいは、できないことなのにするべきだと思ってしまうことです。多くの場合、第一子は独断家です。三木清は、独断家は「知性の敗北者だ」といいます。独断家は、判断が正しいかどうか徹底的に考えません。人にも相談しません。とにかく、自分が決定を下すべきだと思っている。ですから、その決定が正しいか正しくないかではなく、自分が決定したことに意義を認めるのが第一子なのです。

しかし、どんな決断も間違うことはあります。今、新型コロナウイルスが流行していますが、このウイルスは未知のものですから、これから先何が起こるかわかりません。誰もこんなことになるとは予想していなかったと思いますが、政治家や官僚たちは、自分が打ち出した施策が間違っていることが明らかになった時、それを撤回しなければいけません。それができない人の多くは、第一子ではないかとにらんでいます。たとえ第一子でなくても、決定の内容が正しいか正しくないかではなく、誰が決定を下したかにこだわってしまうような独断家は、有害以外の何ものでもない。

特にリーダーの立場に立つ人が、「これでいい」と力強く決断を下すことは間違っているわけではありません。しかし、決断そのものが間違っている場合があることを知らないといけませんし、自分だけでは判断できないと思ったら他の人の考えに耳を傾けようと意識しなければ、この国の不幸は終わらないでしょう。

ですから、第一子は努力家であり勤勉であるともいいましたが、自分でできることに関しては、自分の特性を伸ばしていけばいい。でも、自分に足りないもの、わからないことに関しては人に援助を求めようと意識する。他の人に助けを求めることは、恥ずかしいことではないのですから。繰り返しになりますが、自分でできることとできないことの冷静な見極めが大事です。

4 単独子

単独子は年長者と付き合うのが上手

最後は、単独子、つまり一人っ子の特徴です。

単独子は、独得の問題を持っている。ライバルはいるが、きょうだいではない。競争しているという感覚は、父親に向けられる。単独子は、母親に甘やかされる。母親は、子どもを失うことを恐れ、自分の傘下に置きたいと思う。単独子は、いわゆる「マザーコンプレックス」を発達させる。母親のエプロンの紐にしがみつき、父親を家族の全体像から排除したいと思う。このことも、もしも父親と母親が協働し、子どもに父親と母親の両方に関心を持たせれば、防ぐことができる。しかし、大抵のケースでは、父親は母親よりも子どもに関わることが少ない。第一子が、時には、非常に単独子に似ることがある。第一子は父親よりも優れたいと思い、自分よりも年上の人と一緒にいることを楽しむ。

（『人生の意味の心理学』）

単独子はきょうだい関係の葛藤を経験していません。ですから、同じくらいの年齢の子どもと関わるのは比較的苦手ですが、一方、年長者と付き合うことは非常に上手です。親、あるいは祖父母との関係が密接なので、大人との関係に慣れていて、早い時期から大人と対等に話をすることができます。
そして、きょうだい同士の競争関係がないので、親の関心はすべて自身に集まります。そのために甘やかされて育つことになるかもしれませんし、その結果、依存的で、自己中心的になるかもしれません。しかし一方で、非常に自立的になり、他の人と一緒に協力して生きていく努力をする子どもになるかもしれません。

引用文にあるように、単独子のライバルは、他のきょうだいではなく、親です。特に父親ですから、「エディプスコンプレックス」という言葉を思い出す人もいるかもしれません。男子は父親をライバルと見て嫉妬する、「父親を殺したいとさえ思う」とフロイトはいうのですが、もちろん、それは普遍的な事実ではなく、甘やかされた子どもについてのみ当てはまると、アドラーは指摘しています。

単独子が抱える不安

次の引用を見ましょう。

単独子はしばしば後から弟や妹が生まれることを死ぬほど恐れる。家族の友人は「弟

や妹を持つべきだ」という。単独子はこんなふうになるかもしれないことを非常に嫌う。いつも注目の中心にいたいのである。これこそが自分の権利であると実際に感じており、もしもこの立場が脅かされたらひどい目にあったと感じる。（『人生の意味の心理学』）

これはわかりますね。実際、子どもがいない夫婦に「子どもはまだ？」といったり、一人っ子を持つ夫婦に「次の子どもは？」と何気なく聞いてしまうデリカシーに欠ける人がいます。しかし単独子にしてみれば、弟や妹が生まれることを非常に恐れている。

先の引用の続きです。

単独子の成長を危うくする別の状況は、臆病な環境に生まれてきた場合である。もしも親が医学的な理由でこれ以上子どもを持てないという場合、単独子の問題を解決できるためにできることはない。しかし、このような単独子が、それ以上子どもを持てなかったであろう家族の中にしばしば見られる。親は臆病で悲観的である。経済的に一人の子ども以上を扶養できないだろうと感じている。全体の雰囲気は、不安に満ちており、子どもはひどく苦しむ。（前掲書）

現在、経済は非常に逼迫《ひっぱく》していて、子どもの貧困が社会問題にもなっています。戦前のように、「産めよ、増やせよ」とまではいいませんが、少子高齢化の解決のために子どもをもっと作らないといけないというようなことを無神経な政治家はいうわけです。実際、今は多くの子どもを産み育てられるような環境ではないでしょう。そういう意味では、子どもは一人だけと思っている家族において、アドラーがいうような不安に満ちた雰囲気が支配してしまうことはありうると思います。

もしも家族の中で子どもたちの間隔が長ければ、それぞれの子どもたちが単独子の特徴のいくつかを持つことになるだろう。（前掲書）

上と下の子どもの間隔があいていると、その子が単独子の特徴を示すことがあります。年長者と関係を築くのが上手であったり、親の関心が自分に向けられるので依存的になるというようなことです。

親が取るべき態度について

では、この章のまとめをしましょう。最初にいったように、これまで見てきた「きょうだい順位」による特徴は、あくまでも傾向であることに注意する必要があります。実際には様々な要因が重なり合うので、決して「必ずこうなる」とはいえません。そこを踏まえたうえで、親は子どもにどう接するべきかを考えてみると、次のようにいえると思います。

まず、「競争をさせない」ことです。そのためには、「ほめない、叱らない」。子どもをほめたり叱ったりしていると、それを見ているきょうだい間に激しい競争関係が生まれてしまいます。親が子どもを競争させなければ、きょうだいの性格はそれほど違わないでしょう。逆に、子どもたちの性格がずいぶん違うとすれば、それは意識的でないとしても、知らない間に子どもたちに競争させているからです。

それと同時に、家族に協力することを子どもたちに教えないといけません。この二つのことを考えた時に、親ができることを具体的にいいましょう。ほめるのでもなく、叱るのでもなく、子どもが何らかの仕方で家族に協力してくれた時、その協力、あるいは家族への貢献に対して「ありがとう」という言葉を述べる。ただその一点に尽きます。

子どもが、他のきょうだいとの競争に勝つことで親の注目、関心を得なくても、協力すれば親がそれを認めてくれ、それに対して「ありがとう」といってくれると理解させることが大切なのです。

子どもを甘やかさないということについては、既に触れました。子どもの課題に土足で踏み込まないこと、その点もきちんと心がけないといけないのはいうまでもありません。

終章　性格を変えれば、人生は変わる

性格は生得的なものではない

これまで、『性格の心理学』を軸にして、アドラーの性格論を見てきました。ここまで読み進めていただいた読者の方ならもうおわかりと思いますが、アドラーは性格について、次のように考えています。「決して生まれつきのものではない」と。

性格は持って生まれたものだと考える人は、今日、多いように思います。でも、アドラーは、性格は生得的なものではなく、しかも「自分で選択した」ものだといいます。

アリストテレスを師とする古代ギリシアの哲学者テオプラストスによって書かれた『人さまざま』という著作があります。ギリシア語のタイトルは「カラクテーレス」、英語のキャラクター、ドイツ語のカラクターの語源となった言葉で、原題を直訳すれば、「性格論」です。

この本では、約三十の性格に言及されていて、それぞれに具体的でおもしろい事例がたくさん紹介されています。そのテオプラストスがこういいます。

「同じ教育を受けたのに、なぜ、人の性格は違うのか?」

この本の根本的な問いです。同じアテナイというポリスに生まれ、そこで同じ教育を受けて育ったのに、なぜ人の性格がこんなにも違うのかと最初に書いています。

私たちも、自分のことを考えてもわかりますし、前章で見たように、同じ家に生まれ、ほぼ同じ環境の中で、同じ親に育てられたきょうだいの性格が明らかに違います。なぜ違いが出てくるのかと考えた時、自分が選んだからとしか説明がつかないというのがアドラーの考え方です。「育った条件がほぼ同じであっても性格がまったく違うとすれば、それは、子どもが自分で選んだからだ」。アドラーはそういう説明をしています。

アドラーはこうもいっています。

同じ家族の子どもたちが同じ環境で育つと考えるのはよくある間違いである。

（『人はなぜ神経症になるのか』）

同じ家庭で生まれ育ったからといって、同じ環境で育ったとはいえないというのです。例えば、第一子と、中間子と、末子では、ほとんど別の家庭で生まれ育ったといってもいいぐらいに違った性格を発達させます。「性格は生得的なものではない」ということを、まず、知っておかなければなりません。

さらに、性格は「自分」ではないということ。自分が性格を選択するのであって、性格が自分なのではない、自分が性格を選んでいるのです。

パソコンに詳しい人ならすぐに理解できると思いますが、ＯＳ（オペレーション・システム）が変わると、パソコンそのものがまったく別のものになります。パワー不足で少し動きが遅くなったパソコンに、新しいＯＳをダウンロードして立ち上げたら、以前とはまったく別のもののように処理速度が速くなったという経験があるでしょう。

パソコンが自分で、ＯＳが性格です。性格は自分ではない、ということも知っておかなければいけません。

性格とは何か

では、その性格とは何か。アドラーの文章を見てみましょう。これは、『性格の心理学』第一章「総論」の冒頭、書き出しのところです。

> **我々が性格特徴ということで理解しているのは、人生の課題に取り組もうとする人における、心の一定の表現形式の現れである。それゆえ、「性格」は社会的概念である。我々は性格について、人のまわりの世界との連関を考慮に入れる時にだけ語ることがで**

きる。

引用文の中に「人生の課題」とありますが、アドラーは、対人関係のことを「人生の課題」といっています。つまり、性格とは、人が対人関係に取り組む時の「心の一定の表現形式の現れ」であり、それは「社会的概念」だというのです。「社会的概念」については後で説明しますが、要は、性格を、個人の内面の問題としてとらえるのではなく、他者との関係の中でとらえるということです。

アドラーは、他の人や、その人のまわりの世界とどんなふうに関わるのかを考えなければ、性格について理解できないということを、この本のはじめにいっています。

引用の最初のところを翻訳するにあたって、私は「性格」ではなく「性格特徴」と訳しました。ドイツ語の「性格」はカラクター（Charakter）、英語でいうとキャラクターですが、アドラーはカラクターの後にツーク（Zug）という言葉（複数形はZüge）が付く、カラクターツーク（Charakterzug, Charakterzüge）と表記しています。

作家の多和田葉子が『エクソフォニー』というエッセイの中で、このカラクターツークという言葉について触れています。彼女は「性格線」と訳しました。例えば、「この人は怒りっぽい性格だな」と思うのは、その人が燃え立つように怒り出すところを二度目に見た時で、一度目の光景と二度目の光景の間に「線」が引かれて、この人は怒りっぽいという線が見えてくる。ところが、人間はもっと複雑で、初めて会った時にはすぐにうちとけてくれたのに、二度目の時はとても冷たかったというようなこともあるけれども、そういう矛盾に満ちた要素をいくつも集めていくうちに、やっと何本かの線が引かれて、その人の「性格」という「面」が見えてくるのだと書いています。

アドラーの場合は、性格を、例えば、ある人との対人関係では怒りっぽいが、別の人との関係ではそうではない……というように、人との関係の中で、その時々で自分の性格を決めていると考えています。そんなはずはないと思われる方もいるかもしれませんが、アドラーはあくまでも、性格は対人関係の中で身につけられたものであるととらえています。

引用にあった「社会的概念」とはこのことです。性格は、その人固有の内面の性質、いわば「個人的な概念」ではなく、人との関係の中で絶えず変えている社会的なものだという意味です。だからあえてアドラーは「性格特徴」という言葉を使っているのかもしれません。

性格には目標がある

これもアドラー心理学の特徴的な考え方ですが、人の性格は「ある目標に向けられた動きである」と考えます。言い換えれば、何らかの目標を達成するために、人は性格を選んでいると考えたほうがわかりやすいかもしれません。

人の行動のすべては目標によって設定される。人が生き、行為し、自分の立場を見出す方法は必ず目標の設定と結びついている。一定の目標が念頭になければ、何も考えることも、着手することもできない。

一本の線を引く時、目標を目にしていなければ、最後まで線を引くことができない。欲求があるだけでは、どんな線も引くことはできない。即ち、目標設定する前は何をすることもできないのであり、先をあらかじめ見通して初めて、道を進んでいくことができるのである。

(『教育困難な子どもたち』)

このように、アドラーは、「目標」について各所で論じています。

私たちは、ただ線を引きたいと欲求があるだけでは線は引けません。「ここに向けて線を引こう」と目標を決めた時に初めて線を引ける。

同様に、私たちの行動にも、何らかの目標や目的があります。アドラーが行動について「なぜ」と問う時、それは、原因ではなく目標や目的を問うています。なぜこんなことをしたのかと問われた人は、大抵、その原因を答えようとしますが、目標や目的が問われているとは思わないようです。

なぜか。人はある行為について、その目標、目的が見えていない、あるいははっきりと認識していないことが多いからです。

例えば、パンを食べる時「お腹が減ったから」というのは原因です。問題は、お腹が減ったから誰もが必ずパンを食べるわけではないということです。お腹が減っている時にパンを食べる目的は「空腹を満たすため」ですね。つまり、空腹を満たすという目標に向けてパンを食べると考えることもできるわけです。ただし、それはあくまでも直近の、目の前にある目標であって、自分がパンを食べることの本当の目標は、空腹を満たすためだけではなく、もっと別のところにあるかもしれない。

少しわかりにくいでしょうか。子どもの例で考えてみましょう。子どもは、お腹が減ると泣くことがあります。大人は「この子はお腹が減っているからパンを求めている」と理解しますが、実は、その子が泣くことの目標は、自分の空腹を満たすためではないかもしれません。「隠された目標」とアドラーはいいますが、本人はわかっていないし、おそらくまわりの人もわかっていない目標を達成するために泣いているのかもしれない——。

実は、泣くことでまわりの大人を支配したいのです。もちろん、その力の行使の結果、パンが出てくることもありますが、本人は「無意識」です。アドラーがいう無意識とは、いわれたら初めてわかるぐらいの認識という意味です。

「あなたがそんなふうに泣くことの目標、目的というのは、いったい何なのだろうか？」と子どもに聞いても答えは返ってこないかもしれません。その時、「もしかしたら、大人にいうことを聞いてほしいからでは？」という指摘に対して子どもが納得したら、その目標を達成するためのより有効な方法を子どもに教えることができるのです。

子どもがお菓子がほしいと言い出して泣く時、それはお菓子がほしいからという理由だけで泣いているのではなく、まわりの大人を動かし、大人を自分に仕えさせるために泣いていることを、子どもにも理解してほしい。

「そのためなら泣かなくてもいい」

「どうしたらいい？」

「言葉で頼めばいい」

こんな会話がしたいのです。子どもがほしいといっているものを買えないわけではない。でも、大人は子どもに支配されたくはありません。子どもが、自分が無意識に大人を支配しようとしていることがわかり、大人はそれを望まないということ、さらに何かしてほしいことがあればどうすればいいかがわかれば、子どもの行動は変わります。

人の「隠された目標」について、アドラーは三つの類型をあげています。一つは自分が他の人より優れていたいという「優越性」。次に、他の人よりも力を持ちたいという「力」。それから、他の人を征服したいという「他者の征服」。これが、アドラーがいう三つの「隠された目標」です。行動がこのような隠された目標によって確定されることを、人はまったく理解していないと、アドラーは指摘しています。

「性格」の話に戻すと、性格も、対人関係の中で、人が目標を達成するために選んだものだとアドラーは考えるのです。

性格の発生

「性格」という言葉と「ライフスタイル」という言葉の違いについては、第3章で説明しましたが、あらためてアドラーの定義をみましょう。

性格特徴は、人の運動線が外に現れた形にすぎない。

ここでいう「運動線」とは、設定した目標に向けて人はどのように動いているか、その道筋という意味です。ほぼ「ライフスタイル」と同じ意味で使っています。そのライフスタイル、ここで使われている「運動線」が外に現れたものが性格です。

勤勉な人がいる一方で、非常に怠惰な人がいます。それに対して、アドラーはこんなふうにいいます。

子どもが怠惰であるのは、それが子どもの人生を楽なものにし、それでいながら、自分が重要であることを主張するために適当な手段だからだ。

例えば、努力をしないで楽に生きていこうと思う人は、怠惰という性格を選びます。引用にある「自分が重要であることを主張するために適当な手段」とは、自分が失敗しても、「もし私が怠惰でなければ、もっと勤勉でありさえすれば、自分が成し遂げようとしたことをきちんとやり遂げられたはずだ」と言い訳し、自分自身の価値が損なわれないようにすることです。

あるいは、子どもが怠惰で一生懸命勉強しないとすれば、過干渉の親は、子どもに勉強するように強いるかもしれません。親がそうすれば、結果として、子どもは家族の注目の中心に立つことができます。非常に屈折したやり方ではありますが、自分が職場や家庭で、他の人が無視できないような存在として生きていくために「怠惰」という性格を選ぶのです。自分が重要であると思われたいという目標、すなわちライフスタイルを持っている人が怠惰な性格になることもあるということです。

もう一つ、性格の定義の例をあげると、

性格は、そういうものとして、人がまわりの世界、仲間、総じて、共同体と人生の課題をどのように認識しているかを伝える。

「人がまわりの世界、仲間、総じて、共同体と人生の課題をどのように認識しているか」がライフスタイルです。このライフスタイルが外に現れたものが「性格」です。「伝える」というのは、ライフスタイルを行動として外に現すという意味です。

まわりの人が、自分にとって非常に怖い存在で、うかうかしていたら自分を傷つけるかもしれないと思っている人は、他者を仲間ではなく――アドラーは、うっかり「仲間」という言葉しか使っていませんが――、むしろ敵だと考える人がいてもおかしくありません。まわりの人を、必要があれば援助してくれる仲間だと思う人もいる一方で、自分に危害を加えるかもしれないと、他者に対して絶えず不信感を持っている人は、少なくとも積極的に他者と交わろうとしません。そういう人は、先の章で分析したような消極的な性格を身につけるでしょう。

ですから、まずライフスタイルがあって、次に自分やまわりの人がどんな人なのかという認識をし、それに基づいて、性格という形でライフスタイルを外に現していると考えるわけです。

ライフスタイルは固有のもの

アドラー心理学のカウンセリングでは、患者のライフスタイルを知ることを重視します。しかし、先にもいったようにライフスタイルは無意識であることが多いので、私たちカウンセラーがその人のライフスタイルを知るためには、その人の無意識の行動から判断するしかありません。

例えば、患者がカウンセリング室に入ってきた時に、どこにすわるか――そういうことをカウンセラーは見ます。相談にきた人用の椅子を用意しておくと、普通はあった場所にすわろうとしますが、なかには、椅子をググッとカウンセラーのほうに持ってくる方がいます。そうすると、ちょっと威圧感があるのでこちらも後ろに引きたくなりますが、そのような行動から、その人の他者との距離の取り方がわかります。非常に友好的な人であるかもしれませんし、逆に非常に攻撃的というか、力で威圧しようとするライフスタイルを持っている人であるかもしれない。

同じ人でも、状況や相手によって異なる行動を取ることもあります。アドラーのウィーンでの仕事を引き継いだリディア・ジッハーという学者があげている事例を紹介します。家では家族の誰も笑うのを見たことがない、でもまったく笑わないわけではなくて、屋根裏部屋では笑うことがある。その同じ人が、パーティなど人の集まりの中に行くと、非常に快活で、よく笑う——そんな事例ですが、その人のライフスタイルを彼女は次のように分析しています。

この人の目標は「尊敬されること」である。つまり、外では快活に振る舞うことが尊敬されるために必要だと思っているが、家では逆に、サレン（sullen）、「むっつりしている」ことが尊敬されるために必要だと思っている——と。家と外での行動は正反対ですが、「尊敬される」という目標を達成したいと思うライフスタイルは同じなのです。

「ライフスタイル」は、ドイツ語ではレーベンスシュティル（Lebensstil）といいますが、一般に「生活様式」と訳されることが多いです。では、なぜ私があえて「ライフスタイル」とそのまま表記したかというと、ライフには「人生」「生活」「生命」の意味がありますが、そのすべての意味を同時にイメージしてほしいという思いからです。

スタイルは、もともとの意味は「文体」という意味です。人は、誕生から始まり死で終わる自叙伝を書きます。その伝記を書く時のスタイル、文体は人によって違います。人は生まれて最終的には死ぬわけですが、その間どんな生き方をするかは、ちょうど作家の文体が一人一人違うように、私たちの生き方も違うのです。ライフスタイルは一人一人に固有だということを理解してほしくて、この言葉を採用しているのです。

性格は変えられるのか？

この章の最初に、性格は「自分で選択した」と書きました。その点を説明しましょう。性格を自分が選択したといっても、多くの方は納得いかないかもしれませんが、アドラーは次のようにいっています（前の章で紹介したように、アドラーは別の本では「性格」ではなく「ライフスタイル」という言葉を使っています。以下も、「ライフスタイル」は「性格」を意味すると理解してください）。

> **ライフスタイルは、しばしば早くも二歳で、五歳までには確実に認められる。**
>
> （『生きる意味を求めて』）

二歳で認められ、五歳までには確実に認められるというのですね。そういわれても、そんな小さい時のことを覚えてはいないでしょう。

息子に、「小さい頃のことを覚えているか」と聞いたことがありますが、まったく覚えていませんでした。私は息子と娘の保育園の送り迎えを長年していて、私にとっては非常に苦労した時代ですが、断片的な記憶しかありません。大人の私ですらほとんど覚えていないのですから、息子や娘からすれば「五歳の頃に自分で性格を選んだ」といわれても、納得できないかもしれません。

現代アドラー心理学では、ライフスタイルが認められるのは十歳前後だろうと考えています。それまではいろいろなライフスタイルを試行錯誤していて、小学校の三、四年生ぐらいの時に、「このライフスタイルを使って生きていこう」と決心したと、現代のアドラー心理学者は考えます。

皆さんも十歳以前のことは、ほとんど覚えていないのではないでしょうか。例えば、引っ越したとか、事故に遭って大怪我をしたとか、大きな出来事は断片的に覚えているかもしれませんが、それが一体何歳の時かと問われたら、すぐには答えられないし、時系列に並べることもできないでしょう。でも、十歳以降のことは、わりあいはっきりと覚えています。ですから、ライフスタイルはその頃に決めたのだろうと現代アドラー心理学では考えているのですが、これは議論が分かれるところで、結論が出ているわけではありません。

また、ライフスタイルの選択は、ただ一度だけなされるものでもありません。私の場合は、十歳前後よりももう少し後に、自分自身が大きく変わった記憶があります。小学校六年生の時、学校の児童会の選挙に打って出ようと決心しました。その頃まで私はほとんど目立たない存在だったので、選挙に出ようなどと少しも思っていなかったのですが、その時、「ここでこれまでと違うことをすれば、人生が変わるかもしれない」と思った記憶があります。実際、この後に性格が変わったという思いは、今も非常に強く残っています。

このように、人によっては人生の中で何度もライフスタイル、つまりは性格の選択をしている人もいます。「性格は自分で選んだものである。だったら変えられるのではないか」――そう思えることは大事なポイントです。性格は生得的なものだと考えてしまうと変えることはできません。しかし、困難かもしれないけれど、性格は変えられると考えるからこそ、生きる価値があり、生きがいもあると思います。

「こんな自分はいやだ」と思っている人が、「あなたのライフスタイル（性格）は、決して変えることができない」といわれたら、ただただ絶望するだけですが、アドラーはある意味で楽観的で、誰でも性格を変えることができると考えているのです。

アドラー心理学では、「カウンセリングは再教育である」といいます。これまで知らなかった生き方を学び生き直すこと、あるいは、これまでとは違う新しい考え方を身につけるという意味で「再教育」であると考えています。治療も、教育も、子育ても、「人が変わりうる」という前提がなければ、行う意義を見つけるのは難しいのではないでしょうか。

　十九世紀の哲学者キルケゴールが次のようにいっています。何らかの形でそれまでの生き方を悔い改めて、新しい信仰に目覚めることを、「回心」といいますが、「回心はゆっくりと起こる。前進してきたのと同じ道のりを逆行しなくてはならないのである。回心は完成されるということがなく、むしろ逆戻りしてしまうことがありうるのだから、おそれとおののきを持って取り組もう」（『キェルケゴールの日記』鈴木祐丞編訳）と。

　性格も同様です。ユダヤ教徒でキリスト教徒を迫害していたパウロは、馬から落ちて回心したと伝えられています。でも、パウロのように劇的な出来事があって突然変わるというよりは、少しずつ変わっていくと考えたほうがいいし、変わったと思っても、また元に戻ってしまうこともあります。この世の出来事はほとんどそうだといってもいいぐらいですが、変化には時間がかかり、元に戻るのは一瞬なのです。

性格を変える決心とその要因

アドラーは「人が変わるのに遅すぎるのはいつか」とたずねられた時に、「おそらく死ぬ一日、二日前だろう」と答えています。つまり、死の直前でなければいつでも変われるということです。「変わる」というのは正確ではないかもしれません、「変える決心をする」というのが正確な言い方です。決心さえすれば変われる。極端な話をすれば、今、この本を読んでいるこの瞬間に、変わろうと思えば変われるということです。

人は自分でライフスタイルを選び、必要があればいつでも変えることができるのですが、何の理由もなく選ぶわけではないでしょう。性格を変える決定因は一つ、それは「本人の決心」です。とはいえ、その決心に影響を与える要因はたくさんあるはずです。

例えば、まず考えられるのは遺伝による影響です。ところが、アドラー自身は遺伝をほとんど問題にしていません。次のようにいっています。

> **遺伝の問題はそれほど重要ではない。重要なことは、何を遺伝したかということではなく、幼い頃に遺伝として与えられたものをどう使うかということである。**
>
> （『個人心理学講義』）

アドラー心理学は「所有の心理学」ではなく、「使用の心理学」なのです。

ただし、「器官劣等性」という、ライフスタイルの形成に大きな影響を与えざるをえない身体の障害については言及しています。しかし、器官劣等性があるからといって、皆が同じライフスタイルになるわけではありません。非常に依存的になる人もいれば、自立的になる人もいます。どういう性格になるかは本人が決めるわけですが、まわりにいる大人が、意識して自分で何でもできるように援助していかなければ、自立的にはなれないかもしれません。

第5章で話しましたが、「きょうだい順位」は非常に大きな影響を与える要因になります。親子関係ももちろん大事ですが、アドラーは、何人きょうだいの何番目に生まれ育ったかということのほうが影響は大きいと考えます。

もう一つは「家族の価値」と呼ばれるもので、その家族で大切にされている価値観にも大きな影響を受けます。例えば、学歴が非常に大事だと考える家庭で生まれ育った人は、その親の価値観に同意するか、もしくは反対するかを考えないといけません。母親と父親がともに大事だと考えている価値観があると、その「家族の価値」は強力になりますが、母親か父親か一方だけが大事と考えている場合は、それほど強い価値になりません。

さらに「家族の雰囲気」です。これは家族におけるルールの決め方のことで、何かを決める時にどういう手続きを経たかも大きな影響を与えます。「家族の価値」よりも無意識的なものなので、知らない間に身につけてしまっていますから、若い人が結婚した時などに大きな問題になることがあります。それぞれの「家族の雰囲気」がどんなものであったか、つまりどういう家庭で育ち、その家庭でどんな決め方をしていたのか、家族の雰囲気がまったく異なる人が一緒に生活を始めた時に持ち上がってくる問題です。

そして「文化の影響」です。生まれ育った国や地方の文化の影響を受けないわけにはいきません。この国では「空気を読むことが大事だ」と思われ、「和」「秩序」が大事だとされていますが（私はそれがよいといっているわけではありません）、そういう文化の中で生まれ育った時に、知らないうちに影響を受けることになります。

最後に「外からの影響」、思いがけない外からの働きかけがあって、ライフスタイルに大きな影響を及ぼすことがあります。京都であった放火殺人事件の容疑者が、のちに「人からこんなに優しくしてもらったことは、今までなかった」といっていました。彼にとっては、他の人は自分にとって敵であって仲間だとは思っていなかったのですが、重症を負って医療者から手厚い治療を受けた経験をしたことにより、もしかしたら彼のライフスタイルの形成に大きな影響を与えたかもしれません。

ライフスタイルは基本的には自分で選ぶものですが、その形成に大きな影響を与える要因があることは押さえておいてください。

ライフスタイルは「容易には」変えられない

先に、ライフスタイル、つまり性格は、必要があればいつでも変えられると書きましたが、一度選択されたライフスタイルは、「容易には」変えることはできません。

アドラーは次のようにいっています

> たとえ、この〔人生に与えた〕意味に重大な誤りがあったとしても、また我々の問題や課題に対する我々の誤ったアプローチが、絶え間ない不運と不幸を結果として生じることになったとしても、我々はそれを放棄するということはない。人生の意味についての我々の認識の誤りは、誤った解釈が出された状況を再考し、誤りを認め、統覚を見直すことで修正されるだけである。
>
> （『人生の意味の心理学』）

「統覚」とは主観的な考えのことです。つまり、人はどうしても、自分のライフスタイルに合わせて、他の人や出来事について考えてしまうものなのです。

例えば、人生においては「力を追求しないといけない」というライフスタイルの人がいたとします。でも、その人の前に現れた人が、力を追求しようと思っている人にとっては思いもよらない対応をするかもしれない。

アドラーの診察を受けていたある患者が、突然殴りかかってきました。アドラーはそれに抵抗しませんでした。アドラーは、ガラスが砕けてその患者が怪我をしたので治療をしたのですが、この出来事があったことで、その患者は「生きる勇気」を再び得ることができたといっています。それまで彼は、自分は誰からも受け入れられないと思っていたのに、殴りかかってもアドラーが抵抗しないで友好的な態度を変えなかったことから、自分が拒まれず受け入れられた経験をしたことで、他者についての見方が変わったのです。

しかし、多くの場合、人は自分のライフスタイルを優先するので、そう簡単には自分のライフスタイルを変えられません。目の前にいるアドラーのような、今までとは違う接し方をする人に出会っても、自分とライフスタイルが違う人と見なして、例外でしかないと思ってしまうのが普通です。

例えば――これはよく学生にたずねる問いですが――、向こうから、自分が好意を持っていて、チャンスがあれば自分の思いを相手に告げようと思っている人がやってきたとします。その人とまさにすれ違いざま、相手がもし目を逸らしたとしたら、その事態をどう解釈し、どう対応するでしょうか。

多くの人は、「嫌われた」とか「無視された」というふうに、あまりその事態をよくは思いません。しかし、ある学生は、「風の強い日だったので、たぶんコンタクトレンズが少し歪んで、たまたますれ違いざまに目を逸らした」と考えました。また別の学生は――私がまったく考えもしない解釈でしたが――、「その人は自分に気があるので、恥ずかしかったからこちらを見ようとしなかった」といいました。

これが、アドラーのいう「統覚」です。このように、人それぞれにこの世界についての解釈、つまりライフスタイルがあって、すべて自分のライフスタイルに合わせて出来事を考えてしまいます。「嫌われた」とか「無視された」とか、悲観的に、自分にとってよからぬふうに考えてしまうことがよくないとわかっていても、そう考えることのほうが慣れ親しんでいるので、あるいは、これまでの考え方に従って生きていけば次に何が起こるか予想できるので、それなら変えないでおこうと決心する人がいたとしても不思議ではありません。

これまでと違うライフスタイルを身につけたら、次の瞬間、何が起こるかわからない。「あの人は私に好意を持っている」と思った途端、次の一歩を踏み出さないといけなくなります。でも、「この人は私を避けているな」と思ったら、対人関係はそこで終わります。新しい対人関係に入っていくことで起こる摩擦の中に身を置くよりは、これ以上関係を深めないほうがいいと考えてしまう。次に進む勇気を持てない人が、ライフスタイルを変えないでおこうと考えてしまうのです。

「共同体感覚」に根差したライフスタイルへ

では、どうしたら、ライフスタイルを変えることができるのでしょうか。

ライフスタイルを変えるためには、まず、「変えないでおこう」という決心をやめなければなりません。カウンセリングに来られた方が「自分を変えたい」といっても、本人が変えようとしていない時には、「変えられないのではなくて、変えたくはないのですね」という言い方をすることがあります。ですから、まずは、ライフスタイルを変えようと決心することが大事です。

次に、どんなライフスタイルを選べるかを知らなければいけません。どんなふうに変わればいいかわからなければ、変わりようがないからです。では、アドラーはどのようなライフスタイルを選ぶことを勧めているかというと、「共同体感覚」に根ざしたライフスタイルです。

それはどういうものなのか、「仲間」という言葉から説明します。「仲間」はドイツ語では、ミットメンシェン（Mitmenschen）。「ミット」とは、「共に」「一緒に」という意味で、「メンシェン」は、「人々」という意味です。要するに、「共同体感覚」（Mitmenschlichkeit）とは、人と人がつながっている、結びついている状態のことをいいます。

実際、私たちは、一人で生きることはできません。人は必ず人とつながっている。他者を仲間ではなく敵だと考える人がいますが、そういう人でも、他者を敵だとみなしていることが、もうすでに他者との結びつきの中にあるといえます。もしも人が一人で生きていくのであれば、仲間とか、敵とか、そういう区別をすること自体が無意味ですから。

共同体感覚は、普遍妥当的なものなので、何らかの仕方でこの感覚によって正当化さ

れることなしには、誰も行為を企てることができない。

例えば、会社を休みたい、あるいは、若い人であれば学校を休みたいと思った時、他者のことをまったく考慮しない人であれば、平気で休めるはずです。でも、そうはできない。なぜかというと、私たちは一人で生きているわけではないからです。休む場合は職場や学校に連絡をしなければならないし、その際には、相手にも自分にも納得できる理由が必要です。そういう意味で、人とのつながりの中に私たちは生きているということです。

我々は人を判断する時、共同体感覚という理念を基準とし、その人の態度全体、思考、行為をそれに照らしてはかるという以外の仕方ではできない。

他の人について「あの人はこんな人だ」と判断、評価する時に、「この人は共同体感覚を持っているか」ということを、絶えず私たちは考えてしまうし、考えなければいけないというのがアドラーの考え方です。

さらにアドラーは、人とのつながりにおいては、他者から与えられるだけではなく他者に貢献していかなければならないといいます。

子どもはいつから人生に貢献し始めるべきかと問われたアドラーはいった。「生まれてすぐ半時間以内に」。

(*Adler Speaks*)

人生に貢献するというのは、他者に貢献すると言い換えてもいいと思います。他者に貢献することが共同体感覚の内実であるわけですが、いつから、人生に、あるいは他者に貢献し始めるべきかと問われたアドラーは、「生まれてすぐ」と答えたのです。非常に極端な考えに聞こえるかもしれません。でも、生まれてすぐに、母親と子どもの間には協力関係が生まれるというのがアドラーの基本的な考え方なのです。

母乳を飲むことはフロイトが考えるようなサディスティックな行為ではなく、母親と子どもとの間の協力の行為である。

(前掲書)

母乳を飲むということは、子どもが親に協力しなければできません。他者に貢献するという意味の「共同体感覚」を私たちは育んでいかなければいけませんし、そういう「共同体感覚」を備えた性格を私たちは持つべきだと、アドラーは考えています。

人生の課題から逃げないで

アドラーは人生の課題を避けようとする人について、次のようにいっています。

> **そのような人が課題のまわりに作る回り道には、怠惰、無精、仕事を頻繁に変えること（鞍替え）、非行化などがその生き方の特徴として見られる。態度決定を振る舞いにまで表し、身体をくねくねさせて歩き、いつも蛇のように向きを変える人もいる。これは偶然ではない。そのような人は、いくらか慎重にではあるが、自分が解決しなければならない重要な課題を避けて通る傾向を持っている。**

人生には避けることができない課題があります。とりわけ、対人関係は厄介で人と関われば何らかの仕方で摩擦が生じるので、アドラーは「あらゆる悩みは対人関係の悩みである」といっています。仕事や勉強も取り組まなければならない人生の課題です。

そこで、多くの人はこの課題を前にして、多かれ少なかれそこから距離を置こうとします。人と関わって傷つくことや、思うような結果を出せないことを恐れるからです。その際、課題に取り組まないことを正当化する理由を探し出すか、あるいは、課題に取り組んだ後、課題を達成できなかったことを正当化する理由を持ち出してきます。

その時、「理由」としてよく持ち出されるのが「性格」であることは、先の章で見てきた通りです。消極的だから人と関わるのが苦手だといえますし、仕事で結果を出したくない人は、怠惰な性格なのでなかなか仕事に着手できないといって逃げようとします。

いずれの場合も、これは性格だから変えられないといいたいでしょうが、性格は変えられることが今や理解した人は性格を理由に課題から逃れることはできません。対人関係で傷つきたくないという気持ちはよくわかります。しかし、生きる喜びも幸福も対人関係の中でしか得られないというのも本当です。仕事についても、結果を出すのは怖いですが、結果を出した上でどうするかを考えるしかありません。失敗を恐れるあまり手を拱《こまぬ》いて何もしないよりは、課題に取り組んで失敗するほうがいいと私は考えています。

人生は怖いことばかりが起こるわけではありません。逃げないで課題に取り組む勇気を少しでも持てば、人生は必ず変わります。

あとがき

本書はNHK文化センター京都教室で二〇二〇年七月から十二月まで行った「性格の心理学」講座をまとめたものです。受講された方は多く、性格についての関心の高さを窺い知ることができました。

講義はアドラーの『性格の心理学』を読み解きながら進めました。アドラーの功績は、心理学を決定論から解放し、人間の尊厳を取り戻したところにあります。性格についても生得的なものではなく、自分で選び取ったのだからいつでも変えられるというアドラーの考えに驚いた人は多かったと思います。

カウンセリングをしていた時、性格について論じている本を持ってきて「私はこの本に書いてある通りの性格だ」という人は多かったですが、本書は人間の性格をタイプに分類し、自分の性格がどれに当てはまるかを知って安心することを意図していません。自分の性格について知るだけでなく、変えるためにどうすればいいかを具体的な事例に即して考えてみました。

とはいえ、アドラーは「自分を知り変えることは、人にとって難しいことだ」といっています（『人間知の心理学』）。そのため、講義後の質疑応答は活発なものになりました。本書にはそのやりとりの一部も本文中に収めてあります。

自分の顔を見るためには鏡が必要です。本書が自分を知り、さらに変えていく勇気を持つための一助になれば幸いです。

二〇二一年一月

岸見一郎

編集協力　湯沢寿久
校閲　福田光一
DTP　山田孝之

岸見一郎 きしみ・いちろう

1956年京都府生まれ。哲学者。
京都大学大学院文学研究科博士課程満期退学。
専門の哲学(西洋古代哲学、特にプラトン哲学)と並行して、
1989年からアドラー心理学を研究。
著書に『今ここを生きる勇気』『アドラー心理学入門』
『アドラー 人生を生き抜く心理学』
『NHK「100分de名著」ブックス アドラー 人生の意味の心理学』など、
共著に『嫌われる勇気』『幸せになる勇気』など。

NHK出版新書 648

アドラー 性格を変える心理学

2021年3月10日　第1刷発行

著者　岸見一郎

発行者　森永公紀

発行所　NHK出版
〒150-8081 東京都渋谷区宇田川町41-1
電話 (0570) 009-321(問い合わせ) (0570) 000-321(注文)
https://www.nhk-book.co.jp (ホームページ)
振替 00110-1-49701

ブックデザイン　albireo

印刷　新藤慶昌堂・近代美術

製本　藤田製本

Printed in Japan ISBN978-4-14-088648-9 C0211